本书为2020年度教育部人文社会科学研究专项任务项目资助
辅导员开展大学生课外思想政治教育质量测评体系研究"（

U0502270

# 高校辅导员
## 开展思想政治教育的
## 质量测评研究

王有斌　著

湖南师范大学出版社

·长沙·

图书在版编目（CIP）数据

高校辅导员开展思想政治教育的质量测评研究 / 王有斌著. —长沙：湖南师范大学出版社，2024.1
ISBN 978-7-5648-5241-2

Ⅰ.①高… Ⅱ.①王… Ⅲ.①高等学校—辅导员—思想政治教育—工作—研究 Ⅳ.①G645.1

中国国家版本馆 CIP 数据核字（2024）第 014967 号

高校辅导员开展思想政治教育的质量测评研究

Gaoxiao Fudaoyuan Kaizhan Sixiang Zhengzhi Jiaoyu de Zhiliang Ceping Yanjiu

王有斌 著

◇出 版 人：吴真文
◇组稿编辑：李 阳
◇责任编辑：李健宁 李 阳
◇责任校对：王 璞
◇出版发行：湖南师范大学出版社
　　　　　地址/长沙市岳麓区 邮编/410081
　　　　　电话/0731-88873071 0731-88873070
　　　　　网址/https://press.hunnu.edu.cn
◇经销：新华书店
◇印刷：长沙市宏发印刷有限公司
◇开本：710 mm×1000 mm 1/16
◇印张：12
◇字数：250 千字
◇版次：2024 年 1 月第 1 版
◇印次：2024 年 1 月第 1 次印刷
◇书号：ISBN 978-7-5648-5241-2
◇定价：69.00 元

凡购本书，如有缺页、倒页、脱页，由本社发行部调换。

投稿热线：0731-88872256 微信：ly13975805626 QQ：1349748847

# 前　言

　　随着社会的不断发展和高校教育的不断改革，思想政治教育已经成为高校教育中不可或缺的一部分。高校辅导员是思想政治教育的重要承担者和组织者，其开展大学生思想政治教育成效关系到高校思想政治工作的水平和质量，关系到增强辅导员开展大学生思想政治教育的力度和质量，关系到高等教育育人质量提升的高度和范围。

　　2012年，中宣部和教育部颁布实施了《全国大学生思想政治教育工作测评体系（试行)》，旨在通过科学的测评体系，对高校的思想政治教育工作进行评估、管理和优化，提高工作质量和水平。到2014年，《全国大学生思想政治教育工作测评报告》也已形成并得到广泛使用。2016年12月，中共中央、国务院印发的《关于加强和改进新形势下高校思想政治工作的意见》中，也明确提出要健全高校思想政治工作评价体系，研究制定内容全面、指标合理、方法科学的评价体系，推动高校思想政治工作制度化。2019年教育评价改革的文件也进一步强调了高校思想政治工作的重要性。可见，如何量化与评价辅导员开展大学生思想政治教育状况，需要建立科学的、可行的评价体系和评价方法。

　　本书从马克思人的全面发展理论、思想政治教育过程论和心理测量学等理论的基本原理出发，根据新时代高校

"立德树人"的培养目标，紧紧围绕"服务育人、管理育人、科研育人、实践育人、网络育人、文化育人、心理育人、资助育人、组织育人"共"九大"育人体系展开，涵盖新时代高校辅导员开展大学生思想政治教育质量测评体系理论基础、新时代高校辅导员开展大学生思想政治教育质量测评指标体系设计、新时代高校辅导员开展大学生思想政治教育质量测评的实证研究等，结合高校辅导员与大学生的实际，根据《高校思想政治工作质量提升工程实施纲要》和《普通高等学校辅导员队伍建设规定》等相关文件和政策的要求，利用问卷、实地调查、实验分析等方法设计一套科学的、操作性强的、对辅导员开展思想政治教育具有指导意义的测评体系。这将有助于推进高校思想政治工作的制度化、科学化和规范化，为高校培养优秀人才贡献力量。

王有斌

2023 年 11 月

# 目　录

# 绪　论

大学生思想政治教育工作是一项长期而复杂的工程。高校不但要用好思想政治理论课的主渠道，更应加强辅导员对大学生进行持续性、全方位、多角度、个性化的教育与培养。辅导员开展大学生思想政治教育成效关系到高校思想政治工作的水平和质量，如何量化与评价其思想政治教育状况，需要建立科学的、可行的评价指标体系。在此背景下对高校辅导员开展思想政治教育的质量测评进行深入研究具有重要的理论价值和实际应用价值。

## 一、研究背景与意义

### （一）研究背景

党和国家对思想政治教育工作质量评价的重视及实践不断向前发展。2012 年，中宣部和教育部颁布并实施了《全国大学生思想政治教育工作测评体系（试行）》，旨在通过科学的测评体系，对高校的思想政治教育工作进行评估、管理和优化，提高工作质量和水平。到 2014 年，《全国大学生思想政治教育工作测评报告》也已形成并得到广泛使用。中共中央、国务院在 2016 年 12 月发布的《关于加强和改进新形势下高校思想政治工作的意见》中，也明确提出要健全高校思想政治工作评价体系，研究制定内容全面、指标合理、方法科学的评价体系，推动高校思想政治工作制度化。2019 年，有关教育评价改革的文件也进一步强调了高校思想政治工作的重要性。党的十九届四中全会提出持续推进国家治理体系和治理能力现代化的重要议题。在治理现代化的时代背景下，更加重视并持续深化思想政治教育工作质量评价研究，是推动思想政治教育工作不断提升科学化水平，促进思想政治教育实现治理现代化的重要环节。面对新时代的高等教育现代化及思想政治教育守正创新的重要任务，高校辅导员开展思想政治教育工作质量评价有待进一步解决"为什么评价""评价什么""如何评价"等重要问题。基于此，有必要对高校辅导员开展思想政治教育的质量测评进行研究。

高校辅导员是高校思想政治教育的重要承担者，应当具备一定的教育素质以及工作技能，确保高校思想政治教育的效果，帮助高校学生掌握必要的思想与政治素养，尽早适应社会发展的需要。然而，由于高校辅导员的工作任务繁忙，所以思想政治教育的质量参差不齐问题表现得尤为显著。诸多高校辅导员认为，他们缺乏足够的教育培训以及指导，关于思想政治教育领域的知识体系也比较单薄。同时，对于教育过程中的各种问题，高校辅导员可能无法及时地解决。这些问题的存在，很大程度上制约了高校思想政治教育的实效性。因此，有必要对高校辅导员开展思想政治教育的质量测评进行研究。

高校辅导员思想政治教育的质量测评研究可以帮助我们有针对性地探究高校辅导员在思想政治教育前的准备以及计划制订，确保思想政治教育的全面展开以及有序进行；可以进一步优化高校思想政治教育体系，提升高校教育质量水平，更好地促进高校学生的全面发展。

**（二）研究意义**

中宣部、教育部在 2012 年颁布实施《全国大学生思想政治教育工作测评体系（试行)》；2014 年形成《全国大学生思想政治教育工作测评报告》。2016 年 12 月，中共中央、国务院印发的《关于加强和改进新形势下高校思想政治工作的意见》指出，要健全高校思想政治工作评价体系，研究制定内容全面、指标合理、方法科学的评价体系，推动高校思想政治工作制度化。可见，构建辅导员开展思想政治教育质量测评体系具有重要的理论价值和实际应用价值。

1. 理论价值

（1）提高思想政治教育实效性。实施辅导员开展思想政治教育质量测评，建立科学的评价体系和评价方法，丰富了思想政治教育实效性的研究内容，是检验思想政治教育实效性的重要方法，是推动高校思想政治教育工作的重要手段和有效途径。

（2）测评体系是思想政治教育的一项重要内容。建立科学的测评体系并组织有效的实施，是思想政治教育创新发展的重要途径之一。辅导员开展思想政治教育测评体系构建的科学性和实施效果，关系到改进和加强辅导员开展大学生思想政治教育的力度和质量，关系到高等教育育人质量提升的高度和范围。本课题的研究成果能够在这一方面做积极且有效的探索。

（3）高校思想政治教育要因事而化、因时而进、因势而新。习近平同志在党的十九大报告中指出，中国特色社会主义进入了新时代。根据新时代高校思想政治教育新的内涵和要求，构建辅导员开展思想政治教育质量测评体系具有理论的创新性。

2. 实际应用价值

（1）为辅导员开展大学生思想政治教育提供测评工具。编制具有良好信效度的大学生思想政治教育质量问卷，为辅导员开展思想政治教育测评奠定了量化研究基础。同时，问卷也为课外思想政治教育的研究提供了科学的、具体的、有效的测量工具，确保了思想政治教育研究的真实性和规范性，保证了辅导员开展大学生思想政治教育的成效。

（2）检验辅导员思想政治教育开展情况。辅导员开展思想政治教育质量测评体系的构建，可以落实立德树人的根本任务，规范辅导员开展思想政治教育，促进大学生思想政治教育创新发展。也有助于检验"十大"育人体系的实施效果，有助于改进和加强辅导员思想政治教育工作方式。

（3）研究成果对政府职能部门决策具有重要的参考价值。针对课外思想政治教育质量建立科学的测评体系，并在实践中完成从一般到个别的转化，能够有效地落实辅导员开展思想政治教育的针对性和实效性。

## 二、国内外研究现状

初步研读文献得知，研究者对测评的研究比较多，但对高校辅导员开展思想政治教育的质量测评研究涉及不多，且研究层次大多局限于期刊论文和硕士论文，博士论文和专著相当少。下面对相关的研究进行探讨。

**（一）测评的研究**

1. 国外相关研究

作为教育评价的一部分，国外并没有使用大学生思想政治教育质量测评这一概念，而是使用学生评价（student assessment）这一术语。近年来，西方许多国家在理论和实践上都进行了大量探索，这些探索对于我们进行辅导员开展大学生思想政治教育质量测评研究具有重要的参考价值。[①]

20 世纪初，受桑代克的影响，美国的教育测评运动得以蓬勃发展。他与学生们创建了许多用于教育的测评工具。美国的麦柯尔进行了关于客观性测试的研究，并在 1920 年发明了 T. B. C. F 制。与此同时，智力测评也正在兴起。1905 年，法国的比纳和西蒙提出了他们的首个智力测量表——比纳-西蒙量表。在教育测量运动的发展过程中，人们逐渐认识到，如果教育测量不能与教育目标紧密相连，那么它将是毫无价值的。在新的观念引导下，教育测量转化为教育评价。泰勒提出的教育评价定义最具代表性。他对以往的教育测试进行了尖锐的批评，认为这些测试都以教材为中心，只重视学生记忆教材内容，而不能有效地评价学生的高级思维能力。基于八年研究的结果，泰勒提出了一套以教育目标为核心和依据的课程与测验编制的原则，将教育评价的本质理解为衡量教育活动达到教育目标程度的实践过程。他指出："评价过程实质上是一个确定课程与教学计划实际达到教育目标程度的过程。"[②] 第二次世界大战后，布卢姆在继承泰勒的目标导向评价模式的基础上，进一步将评价分为三种类型：诊断性评价、形成性评价和总结性评价。这种以教育目标为导向、以评价为手段的教育策略，其最终目的是使学生中的绝大多数都能达到教育目标所要求的水平。布卢姆等人曾以公式来表示，即"目标＝行为＝评价技术＝测验问题"。[③] 在这个时期的大背景下，人们开始重新审视泰勒模式，并涌现出许多不同于泰勒模式的理论流派，各

---

① 李勤，王宗军. 大学生综合素质的多层次模糊综合评价研究 [J]. 中国科技信息，2005 (9)：116-117.

② 张华. 课程与教学论 [M]. 上海：上海教育出版社，2001：375.

③ 张华. 课程与教学论 [M]. 上海：上海教育出版社，2001：385.

种观点层出不穷、争相绽放。1963 年，科龙贝赫提出了形成性评价理论。他认为泰勒的评价概念过于重视对结果的评估，而他更加强调教育改进的形成性评价。因此，他将评价视为一个搜集和使用信息，以帮助制定教育方案的决策过程。他认为，"评价是为了提供信息而进行决策的过程"。① 他强调教育评价应该关注教育决策、重点关注教育过程，而不仅仅是教育目标和目标实现程度的理论。此外，该理论还强调了评价在搜集反馈信息以改进教学工作方面的功能。尽管这种观点突出了评价的改进和发展功能，但它把评价完全看作一个事实判断的过程，并拒绝在事实判断的基础上进行价值判断，这可能存在一些偏颇。1966 年，斯塔弗尔比姆提出了 CIPP 模式。该理论以决策为核心，包括背景评估、输入评估、过程评估和结果评估。这一理论模式使教育评价能够深入教育活动的整个过程，扩大了评价的范围和内容，能够全面、系统地反映评价对象的整体面貌，既重视结果，也重视过程。1973 年，斯塔克提出应答模式；1974 年，斯克里芬提出目标游离模式；20 世纪 80 年代，美国枯巴和林肯提出"第四代教育评价"理论。他们认为评价本质上是一种心理建构过程，评价者和参与者共同建构统一价值观的过程是评价结论的主观性认识，是心理建构物。这种评价观重视被评价者的主体地位，具有独到的见解。但是它否认评价的客观性，因此陷入了唯心论和相对主义的困境。与此同时，以英国为代表的保障教育质量的评价观将评价视为一个教育质量保障系统，该系统包括内部质量保障系统和外部质量保障系统。这种评价观认为评价的目的在于提高教育的质量和增加教育的价值。

综上所述，国外的研究主要集中在教育评价领域，对教育评价的研究经历了一个不断变化、不断完善、充满争议的发展过程，这个过程同时也是一个不断深化对教育评价本质理解的过程。这些理论为我们今天辅导员开展大学生思想政治教育质量测评提供了新的支撑点、新的依据、新的视角和新的参考。

2. 国内相关研究

我国对学生学业评价和成绩测评有着悠久的历史和丰富的经验。自

① 袁海宁，黄殿臣，袁启昌. 大学生综合素质评价系统软件 [J]. 南京工业大学学报（自然科学版），2002，24（2）：65-69.

1905年科举制度被废除以来，中国教育评价步入了近现代系统化发展的新时期。20世纪80年代以前，现代教育评价经历了大规模发展的理论奠基时期。这一阶段的主要内容是引进和改造外国教育评价研究成果，早期的教育理论工作者翻译了国外的测验量表。1922年，费培杰首次将比纳于1911年编制的智力测验量表译成中文。1924年，陆志伟又发表了经修订的斯坦福-比纳量表。随后，陆志伟和吴天敏进行了第二次修订（1936年），吴天敏又进行了第三次修订（1982年）。张秉洁和胡国任编写的《教育测量》于1922年8月由北京高等师范出版社出版。此外，一些学者还积极推动成立研究组织并开设相关课程。在艾伟、陆志伟、陈鹤琴、萧孝嵘等著名学者的倡议下，中国测验学会于1931年正式成立。这是我国教育测量和评价领域的第一个学术研究组织。教育测量学的课程在全国各大学教育系和中等师范学校普遍开设了。

新中国成立后，我国教育评价研究遭到否定。一直到1977年恢复高考，教育评价研究中断了20年，没有任何进展。1978年党的十一届三中全会召开后，我国教育评价开始蓬勃发展，主要是引进和介绍海外现代教育评价研究成果。1984年1月，中国正式签署了入会文件，加入国际教育成就评价协会。同时在中央教科所建立中国国际教育成就评价中心。1985年5月，中共中央颁布了《中共中央关于教育体制改革的决定》，明确提出要对教育进行评价的问题。在全国开展了教育评价研究和试点工作，探索评价规律，建立评价理论和方法体系，为评价工作的全面展开铺路。2004年8月，中华人民共和国教育部高等教育教学评估中心正式成立，标志着我国教育评价工作在理论与实践的层面已经步入了新的阶段。国内部分高等学校已开始培养教育评价研究方向的硕士生和博士生。我国已逐步进入创建中国特色教育评价理论的持续发展时期。① 作为教育评价的一个重要组成部分，大学生思想政治教育评价日益在教育界受到传播，也受到人们的广泛关注，学生的素质教育测评越来越受到重视。中共中央、国务院1999年在《关于深化教育改革全面推进素质教育的决定》中多处提到考试、评估、评价的改革问题，

---

① 周韩，曹俊德. 新型大学生综合素质测评体系设计初探［J］. 北京电子科技学院学报，2007，15（3）：35-37.

鼓励建立符合素质教育要求的学生评价机制，提高教育测量与评价的科学化水平。近些年，我国逐渐展开了对素质教育测评的研究与实践活动。①

　　苏州大学应用心理研究所张卿华、王文英教授经过多年潜心研究，自行设计、发明了人才素质评估方法体系。该成果在 20 世纪 80 年代初，就应用于全国运动员的科学选拔，并作为运动员心理选材的常规指标。全国许多超常教育实验班的招生与选拔，均运用该套心理素质评估系统。20 世纪 90 年代初，在国家机关公务员招聘中，北京、上海、苏州等城市首先采用张、王教授设计的心理素质评估系统。但是，国内的软件系统还只停留在人才素质测评的初级阶段。它大多是提供一些指标指数，以供参考，而且这些软件缺乏针对性。不同群体的素质构成应该是不同的，所有人都使用同一套测评系统，所得到的评估结果并不能满足所有人的需要。目前我国的大学生综合素质评估系统往往是各个高校自行设计的，是针对自己学校学生的特点，对学生的在校表现给予一个科学的评价方案。2000 年，戚业国、陈玉琨先生结合知识经济和我国的国情，依据布卢姆的教育目标分类学说和马克思关于人的全面发展学说，提出了素质教育目标体系的构想，丰富了具有中国特色的学生评价理论。

　　综上所述，教育评价的对象包括各层次的学生。研究者的测评研究主要是中小学生基础教育学生的学习成绩或素质教育评估，涉及高等教育的学生素质评估和学业评估，而对辅导员开展大学生思想政治教育质量测评的研究较少。对高校思想政治工作测评问题的研究，主要是教育行政工作者从现实的需要出发进行探讨，而教育理论工作者不太关注此问题。国内尚未见有著作从理论上对辅导员开展大学生思想政治教育质量测评进行分析。辅导员开展大学生思想政治教育质量测评属于高等教育评估领域。在该领域，学者们更关注的是对高等学校的评估和对教师工作与行为的评估。但是如何实现辅导员开展大学生思想政治教育质量测评科学化，此测评存在哪些难点，以及测评的诸多理论问题还有待进一步研究。

---

　　① 李晖，李正刚. 浅析大学生综合素质测评体系的重构及实施保障机制的建立 [J]. 经济师，2006（7）：11-12.

### （二）测评体系的研究

《现代汉语词典》将"测评"解释为检测评定或推测并评论。[①]《现代汉语辞海》将"体系"解释为由许多相关联的事物或思想意识形成的系统。[②]而《辞海》中的"体系"与词典中的解释相同，都是指相似事物之间构建的整体，例如理论体系、语法体系以及工业体系等。[③] 测评体系是一种用于评估和测量个体或组织绩效、能力、性格等指标的方法，被广泛应用于教育、招聘、评估等多个领域。测评体系是学习中经常用到的一种评价学生的方式。在本书中测评体系是指对辅导员开展大学生思想政治教育质量进行的一种评判和评定。

1. 国内相关研究

在当今社会，测评体系在各个领域都发挥着重要作用，如人力资源、教育、心理医疗等。本书将对测评体系进行全面的研究综述，主要包括以下七个方面：测评理论与研究综述、测评工具与方法、工作绩效与能力测评、人格特质与心理健康测评、组织诊断与团队效能测评、教育与学习测评以及测评准确性与可靠性研究。

（1）测评理论与研究综述

测评理论是研究如何通过有效的方法和工具，对个体的能力、性格、态度等进行客观、准确评估的学科。在心理学、教育学、管理学等众多领域，测评理论都有广泛的应用。通过对测评理论的研究综述，我们可以了解不同测评方法的基本原理、优缺点以及应用场景，进一步指导测评实践。

（2）测评工具与方法

测评工具与方法是实施测评的核心，主要包括各种心理测试、面试、情景模拟等多种形式。不同的测评工具和方法具有不同的特点和应用范围。例如，心理测试可以较好地评估个体的性格特质，而面试则可以更全面地了解个体的能力、经验等。在选择测评工具和方法时，我们需要根据测评的目的和对象，综合考虑其信度和效度等因素。

---

① 中国科学院语言研究所词典编辑室.现代汉语词典［M］.北京：商务印书馆，2016：131.
② 现代汉语辞海编委会.现代汉语辞海［M］.北京：光明日报出版社，2002：1139.
③ 辞海编辑委员会.辞海［M］.上海：上海辞书出版社，1979：521.

（3）工作绩效与能力测评

工作绩效与能力测评是对个体的工作表现和工作能力的评估，为企业提供选拔和晋升依据的重要手段。在人力资源领域，常用的工作绩效与能力测评方法包括 360 度反馈、工作模拟、文件筐测试等。这些方法可以帮助企业全面了解员工的工作能力和绩效表现，为人力资源决策提供重要依据。

（4）人格特质与心理健康测评

人格特质与心理健康测评是通过一系列方法和工具，对个体的性格特征、心理健康状况进行评估的过程。这类测评在教育、人力资源、心理咨询等领域得到广泛应用。人格特质与心理健康测评的方法包括自陈量表、投射测验、观察法等。这些方法可以有效地评估个体的性格特质和心理健康状况，为教育选拔、职业规划、心理咨询等提供重要依据。

（5）组织诊断与团队效能测评

组织诊断与团队效能测评是通过一系列方法和工具，对组织的结构、功能和团队效能进行评估的过程。在管理领域，组织诊断与团队效能测评常用的方法包括调查法、观察法、组织分析等。这些方法可以帮助组织了解自身的优势和不足，优化组织结构和功能，提高团队效能和组织绩效。

（6）教育与学习测评

教育与学习测评是通过一系列方法和工具，对学生的学习能力、学业水平进行评估的过程。在教育领域，常用的教育与学习测评方法包括标准化测试、课堂表现评价、作业评定等。这些方法可以帮助教师了解学生的学习状况和需求，为教学计划的制订和实施提供依据，同时也能够帮助学生了解自己的学习状况和不足，及时调整学习策略。

（7）测评准确性与可靠性研究

测评准确性与可靠性研究是探讨如何提高测评结果准确性和可靠性的重要领域。通过对不同测评方法的研究和比较，我们可以了解各种方法的优缺点和适用范围。此外，通过研究影响测评准确性和可靠性的因素，我们可以采取措施降低误差和不确定性，提高测评的准确性和可靠性。例如，采用多种方法进行测评可以增加结果的可信度；对测评人员进行专业培训可以提高其评分的准确性和一致性；改进测评工具和流程可以减少误差和不确定性。

通过对测评体系七个方面的研究综述，我们可以全面了解测评理论在不同领域的应用以及各种测评工具和方法的特点和优劣。在实际应用中，我们需要根据具体的测评目的和对象，综合考虑各种因素，选择合适的测评工具和方法，制订科学合理的测评计划。同时，我们还应该关注测评准确性和可靠性的研究，不断提高测评的质量和效果，为组织和个人提供更加准确、可靠的评估依据。

2. 国外相关研究

全面概述国外测评体系的研究现状，主要包括测评体系概述、测评方法与技术、理论模型与应用、行业与领域应用、测评效果评估、研究趋势与挑战以及实践案例分享。

（1）测评体系

测评体系是指一系列测评方法和技术的集合，旨在评估个体的知识、技能、能力、性格等方面的指标。根据测评目的和对象的不同，测评体系可分为不同的类型，如心理测评、职业测评、教育测评等。在发展过程中，测评体系经历了多个阶段，从最早的单一测评方法到现在的多元化测评技术，不断向着更为科学、客观、准确的方向发展。

（2）测评方法与技术

测评方法和技术是测评体系的核心，常见的测评方法包括心理测试、面试、观察表、工作模拟等。随着计算机和网络技术的发展，计算机测试、网络测试等新型测评方法也逐渐得到广泛应用。这些方法和技术各有优劣，适用于不同的场景和目的。在选择合适的测评方法和技术时，需要根据测评的目的、对象的特征、资源限制等因素进行综合考虑。

（3）理论模型与应用

理论模型是指导测评体系设计和实施的重要组成部分。常见的理论模型包括特质理论、行为理论、情境理论等。这些理论模型有着不同的观点和假设，但在实践中通常需要结合具体情境进行应用和调整。此外，这些理论模型还可以针对不同领域和行业进行开发和应用，如教育、招聘、培训等领域的测评体系。

（4）行业与领域应用

测评体系在各个行业和领域都有广泛的应用，其中最具代表性的是教育、招聘和评估领域。在教育领域，测评体系主要用于评估学生的学习效果和预测其未来发展潜力；在招聘领域，测评体系主要用于评估应聘者的能力和性格特点，以确定其是否适合特定职位；在评估领域，测评体系主要用于评估组织和项目的绩效，为决策提供支持。这些领域的应用对测评体系的需求和挑战也不尽相同，需要结合具体情境进行分析和解决。

（5）测评效果评估

对测评体系的效果进行评估是确保其有效性和可靠性的重要手段。效果评估通常包括信度评估、效度评估和一致性评估等。信度评估是指评估结果的一致性和稳定性；效度评估是指评估结果能够准确反映被测对象的实际特征；一致性评估是指不同评估者对同一对象的评估结果具有较高的一致性。在实践中，通常采用多种方法对测评效果进行评估，以确保评估结果的准确性和可靠性。

（6）研究趋势与挑战

当前，国外测评体系研究呈现出多元化和精细化的趋势。一方面，新型测评技术和方法不断涌现，如大数据分析、人工智能等技术的应用为测评体系带来了新的发展机遇；另一方面，针对不同领域和行业的测评体系研究日益深入，如针对虚拟员工、孤独症儿童等特殊群体的测评体系研究。然而，测评体系研究仍面临着一些挑战，如提高测评的精准度和效率、解决文化背景差异引起的适用性问题等。

（7）实践案例分享

在实际应用中，许多企业和组织都采用了测评体系来支持招聘、选拔和培训等任务。以下是两个实践案例的分享：

①成功案例：谷歌公司的招聘测评体系一直备受关注。他们通过运用多种心理和行为测试以及案例分析等来评估应聘者的技能、潜力和文化适应性。这种综合测评体系使得谷歌能够从大量应聘者中准确地识别出优秀的人才，为其快速发展提供了重要支持。

②失败案例：某公司在推广一款新产品时，采用了市场调查和客户满意度等传统测评方法。然而，由于未考虑到用户需求和市场变化等因素，导致新产品的市场表现未达到预期目标。这个失败案例提示我们在设计和应用测评体系时，需要更加关注市场变化和用户的实际需求，并将其作为重要的考量因素。

以上两个案例提醒我们，成功应用测评体系需要综合考虑多种因素，包括被测对象的特点、文化背景差异以及市场需求变化等。同时，需要借助先进的科技手段和方法，提高测评的精准度和效率，以便更好地支持组织的发展和决策。

随着社会的不断发展和科技的进步，测评体系的研究也在不断深入，分析相关领域的研究成果和实践经验，能为我国测评体系的发展提供借鉴。

### （三）思想政治教育质量测评体系的研究

1. 思想政治教育质量测评体系的理论研究

国际上，约 1/3 欧洲国家已发布了评估学生校内外实践活动参与情况的指导纲要；澳大利亚实施全国公民教育考评计划，注重评估学校公民教育的实施成效，以及掌握学生公民素养的发展状况；国际教育成就评价协会组织的系列国际公民教育调查研究，明确了公民教育测评的根本目的。

国内研究者多集中于测评课堂教育教学各环节，对课外的教育测评缺少针对性的、系统性的研究。学者们主要围绕思想政治教育测评的内涵、范围、特点、类型、标准、原则、指标体系、调节机制、实施程序、途径方法等问题进行研究探讨，取得了丰硕成果。张耀灿、邱伟光、陈万柏等主编的《思想政治教育学原理》专门针对思想政治教育评估的可行性和指标体系进行初步探讨，首次提出思想政治教育定量评估的概念；[①] 王茂胜的论著《思想政治教育评价论》全面、系统、科学、宏观地探讨了对思想政治教育评价的研究；[②] 吴林龙、王立仁等提出以知识理解、观念认同和行为外化为参照系数进行三维指标细化的构建理路；[③] 张耀灿等主持制定了高校思想政治理论课教育教学质量监测体系；[④] 沈壮海等提出了思想政治教育测评存在指标

---

① 张耀灿，邱伟光，陈万柏，等. 思想政治教育学原理 [M]. 北京：人民出版社，2001：226-253.

② 王茂胜. 思想政治教育评价论 [M]. 北京：中国社会科学出版社，2006.

③ 吴林龙，王立仁，左淑静. 论学生思想政治教育实效性测评标准的建构理路 [J]. 临沂大学学报，2013，35（1）：55-58.

④ 张耀灿，等. 高校思想政治理论课教育教学质量监测体系研究 [M]. 北京：经济科学出版社，2014.

困境和方法困境的观点；① 冯刚探讨了高校思想政治教育质量评价的标准、内容、作用；② 吴林龙从供给侧、需求侧、管理层三个维度厘定了高校思想政治教育工作质量评价范围；③ 冯刚、严帅强调了新时代大学生思想政治教育工作质量评价要建立基于时代要求、符合实际情况的指标体系，坚持"三结合"的实施路径与方式方法。④

### 2. 思想政治教育质量测评体系的实践研究

多数欧洲国家将公民教育纳入校内评估体系之中，评估内容涉及校园文化、学校管理、教学工作、学校与社区之间的关系四个领域。在英国北爱尔兰地区，监察局发布了旨在支持学校开展自我评估的资料——"共同迈向完善"，该资料涉及评估中学公民教育质量的一系列指标。与此同时，部分欧洲国家中小学根据法律规定和官方规定、建议等制定了校内评估方式和标准。

思想政治教育测评体系是一个动态的有机整体，科学合理的构建程序是保证思想政治教育质量测评体系有效运行的重要保证，学界对此展开了深入研究。王茂胜把高校院系学生思想政治教育评价作为案例，重点设计了高校院系学生思想政治教育评价指标构成、权重设计、具体观测点的设计和具体操作方法，并给出了评价的时间范围以及方法步骤，形成了可供实施的方案。⑤ 李杰以大学生政治素质评估为研究内容，面向专家、辅导员、大学生和社会群体征集了指标体系中指标、权重、等级和评语等内容，从而制定了相应的指标体系，并设计了实施的途径与方法。⑥ 杨瑞东、倪士光借用顾客满意指数模型，开发了基于学生满意度的德育评价模型，并在一定范围内进

---

①　沈壮海，段立国. 思想政治教育测评研究的回顾与展望 [J]. 思想教育研究，2014（9）：25-33.

②　冯刚. 改革开放以来高校思想政治教育质量评价的回顾和思考 [J]. 教学与研究，2018（3）：82-89.

③　吴林龙. 高校思想政治教育工作质量评价的概念厘定 [J]. 思想教育研究，2018（2）：65-68.

④　冯刚，严帅. 新时代大学生思想政治教育工作质量评价的方法和路径 [J]. 国家教育行政学院学报，2019（5）：46-52.

⑤　王茂胜. 思想政治教育评价论 [M]. 北京：中国社会科学出版社，2006.

⑥　李杰. 大学生政治素质评估研究 [D]. 北京：中国地质大学，2013.

行了采样分析，将研究用于日常工作。① 赵祖地在搭建指标体系的基础上，进行了信效度检测，加入了结果反馈等环节，制定了针对校、院、班、生四个层次的具体实施方案。② 范杨面向"90后"为主体的入伍大学生群体的思想政治工作，以调研发现的问题为导向，制定了评估指标体系。③

3. 思想政治教育质量测评的国际比较研究

学习和借鉴其他国家和地区在思想政治教育质量测评方面的经验和做法，对于完善我国高校辅导员开展思想政治教育工作具有积极意义。比如，美国通过全国大学生学习性投入调查（NSSE）等项目评估高校思想政治教育的效果；英国通过全国学生调查（NSS）对高校思想政治教育进行质量评价；日本通过大学教育活动评价系统评价思想政治教育课程的实施情况和教育环境。这些项目在评价指标设定、数据采集和处理等方面具有一定的参考价值。但同时，我们也要注意到各国国情、教育体制等方面存在差异，因此在借鉴时要结合我国实际情况和高校特点。

**（四）高校辅导员开展思想政治教育质量测评体系的研究**

国内研究多集中于学生思想政治教育评价，对高校辅导员开展思想政治教育的质量测评没有单列，只有辅导员工作考核［见附件二：部分高校辅导员（工作）考核表］，而且研究成果只有少数的期刊论文和硕士论文。全面梳理这些文献，学者们主要是对高校辅导员开展大学生思想政治教育的概念、质量测评理论、测评的必要性、指标体系、实施过程、结果运用、前沿研究以及国际比较等方面进行了研究。

1. 辅导员开展大学生思想政治教育的概念

学者们关于高校辅导员开展大学生思想政治教育进行了大量研究。余双好提出课外教育是指在课程计划和学科课程标准以外，对学生实施的各种有目的、有计划、有组织的教育活动。④ 李京彬等认为课外思想政治教育活动

---

① 杨瑞东，倪士光．基于学生满意度的德育评价模型的开发与应用［J］．现代教育技术，2014，24（8）：47-53．
② 赵祖地．高校德育评估研究［D］．南京：南京师范大学，2013．
③ 范杨．新时期军队入伍大学生思想政治教育工作评估指标体系研究［J］．思想理论教育导刊，2015（7）：134-136．
④ 余双好．论课内与课外教育紧密结合［J］．思想政治教育研究，2010（8）：24-27．

是指在确保课堂教学的前提下，以课外活动为载体，有目的、有计划地对学生进行思想政治教育，引导学生树立科学的世界观、人生观和价值观。[①] 张艳提出课外思想政治教育也有狭义和广义之分。狭义的课外思想政治教育是指思想政治教育理论课教师在课下组织、指导学生在课程计划和标准以外，根据自己的兴趣、特长自愿参加各类具有教育内涵的活动，如社会实践、志愿者服务、学术科研等；广义的课外思想政治教育则是指学生课下在学生系统、党团委、学生处、辅导员和思想政治教育理论课老师等的指导下所进行的各种各样的教育活动。课外教育是课内教育的有益补充，是大学生丰富实践经验的重要载体和途径，它具有灵活性、多样性、自主性。[②] 综上学者观点，高校辅导员开展大学生思想政治教育其实都是开展课外思想政治教育，故高校辅导员开展思想政治教育就是辅导员开展大学生课外思想政治教育的概念，即指在课程计划和学科课程标准以外，以价值引领为核心，辅导员对大学生实施的各种有目的、有计划、有组织的、具有思想政治教育内涵的教育活动。它包括社会主义核心价值观教育、社会实践、校园文化、网络平台、心理健康教育、就业创业以及党团、班级建设等。

2. 辅导员开展思想政治教育质量测评的意义

高校辅导员开展思想政治教育质量测评具有重要意义。首先，它可以帮助辅导员了解学生思想状况，发现存在的问题，从而有针对性地开展教育工作；其次，它可以提高思想政治教育的实效性和针对性，促进学生的全面发展；最后，它可以为学校和社会提供更准确的评估和反馈，推动思想政治教育工作的持续改进和发展。

3. 辅导员开展思想政治教育质量测评的指标体系

建立科学、有效的测评指标体系是思想政治教育质量测评的关键。在设计指标体系时，要遵循科学性、系统性、可操作性等原则，从教育内容、教育方式、教育效果等多方面进行全面评估。具体指标可以包括教育计划、教学内容、教学方法、教师素质、学生满意度等。同时，采用定量和定性相结

---

① 李京彬，李敬儒. "三位一体"大学生课外活动体系探索与实践［J］. 教育教学论坛，2014（7）：175-176.

② 张艳. 论思想政治教育课内教育与课外教育相结合的路径研究［J］. 思想政治教育研究，2011，27（2）：92-95.

合的方式采集和处理数据，以提高测评的准确性和客观性。张雪华、刘阳针对新疆高职高专院校辅导员开展思想政治教育工作的情况，详细分析了该思想教育工作面临的挑战和存在的问题，从有效明确测评制度和测评范围、科学设置指标体系和测评标准、合理确定指标层级和评分权重、有效运用信息技术和测评结果等方面提出构建质量测评体系的思路，并提出了构建符合自己学校实际情况的质量测评体系。①

4. 辅导员开展思想政治教育质量测评的实施

实施测评阶段需要遵循一定的步骤和技巧。首先，要明确测评目的和对象，制订详细的测评计划；其次，要选择合适的测评工具和方法，并进行必要的培训；再次，要按照预定时间安排进行测评，确保数据的真实性和完整性；最后，要对测评结果进行总结和分析，撰写测评报告，提出改进建议。

5. 辅导员开展思想政治教育质量测评的结果运用

测评结果的运用是思想政治教育质量测评的重要环节。通过分析测评结果，辅导员可以发现学生在思想、学习等方面的问题，从而调整教育策略，提高教育效果。同时，学校可以根据测评结果评估辅导员的工作表现，及时调整和优化教育资源，推动思想政治教育工作的整体提升。此外，还可以将测评结果向社会公开，接受社会监督，提高高校思想政治教育的透明度和公信力。

6. 辅导员开展思想政治教育质量测评的前沿研究

随着社会的发展和高等教育改革的深入，思想政治教育质量测评研究也不断涌现出新的成果。未来研究可能涉及以下几个方面：一是新的测评理论和方法的研究，例如引入大数据、人工智能等技术提高测评的精度和效率；二是不同国家和地区思想政治教育质量测评的比较研究，以期在全球范围内寻求更普遍的规律和经验；三是探讨思想政治教育质量测评与学科发展、人才培养等其他因素的相互关系及其作用机制。

总之，国内并未见有著作从理论和实践上对辅导员开展大学生思想政治教育质量的测评进行分析。辅导员开展大学生思想政治教育质量的测评问题

① 张雪华，刘阳. 新疆高职高专院校辅导员开展大学生思想政治教育质量测评体系研究［J］.和田师范专科学校学报，2022，41（4）：78-82.

属于高等教育评估领域，而在此领域，研究者更多关注的是对高等学校的评估、对教师工作与行为的评估、对大学生素质的评价和对辅导员工作的评价。这些理论为我们今天辅导员开展大学生思想政治教育质量的测评提供了理论层面上的新支点、新依据、新视角和新参考。然而，如何实现辅导员开展大学生思想政治教育质量的测评科学化，辅导员开展大学生思想政治教育质量的测评存在哪些难点，辅导员开展大学生思想政治教育质量的测评能够产生什么实际作用与效应，以及辅导员开展大学生思想政治教育质量测评的诸多理论问题仍有待进一步研究。

## 三、研究思路及主要创新点

### (一) 研究思路

本研究将把全国 30 所高校作为研究对象和样本进行系统研究。研究将依托 30 所高校辅导员开展的思想政治教育实践活动进行测量，构建思想政治教育质量测评体系。

首先，通过查阅文献，对文献进行分析，并运用相关研究方法对辅导员开展思想政治教育相关资料进行分析，力图从理论思辨的角度剖析大学生思想政治教育的现实背景、理论依据等方面，廓清思想政治教育及其测评的理论框架。

其次，根据 30 所高校大学生的实际情况，运用定量研究的方法，编制高校辅导员开展大学生思想政治教育的质量测评调查问卷，发现大学生思想政治教育的不足，力争理论联系实际，从而提高本课题研究的可信度。

最后，在上述研究的基础上，课题组从实践性层面对辅导员开展思想政治教育存在的问题作出具体的、深层次的分析，结合大学生的实际需要，构建辅导员开展思想政治教育质量测评体系，并在实施中不断完善。

### (二) 主要创新点

高校辅导员开展思想政治教育的质量测评研究具有以下创新点：

第一，本研究丰富了思想政治教育的研究内容，拓展和深化了辅导员思想政治教育工作研究。本研究依照《高校思想政治工作质量提升工程实施纲要》的基本任务和主要内容，结合《普通高等学校辅导员队伍建设规定》《全国大学生思想政治教育工作测评体系（试行）》等文件，运用心理测量学的相关知识来编制高校辅导员开展思想政治教育的质量测评表，丰富了思想政治教育的研究内容，又进一步拓展和深化了辅导员思想政治教育工作研究。

第二，本研究充实和丰富了高校思想政治教育的理论体系。测量辅导员开展的思想政治教育质量，是对其发展现状进行量化分析，摆脱了之前多从理论层面研究的局限，进而使辅导员思想政治教育工作者能够对症下药，发现在开展思想政治教育过程中的应然与实然、理想化状态与现实情况的差距。同时也对高校思想政治教育的实效性进行检查，根据高校开展思想政治工作的现状和全国高校思想政治工作会议精神，以及《高校思想政治工作质量提升工程实施纲要》《深化新时代教育评价改革总体方案》等提出的要求，改进高校思想政治教育工作。

第三，本研究主要对辅导员开展思想政治教育的质量测评进行了深入探索，创造性地提出和论述了辅导员开展思想政治教育质量测评的模型构建、指标体系设计和优化对策，具有一定创新性。

# 第一章
# 高校辅导员开展思想政治教育质量测评的基本现状

　　随着高等教育事业的不断发展，思想政治教育质量的测评成为高校教育管理工作中不可或缺的一部分。高校辅导员作为负责高校大学生思想政治教育的重要力量，在开展思想政治教育质量测评工作中显得尤为重要。时代在变迁，社会在变革，青年大学生也在变化，思想政治教育工作也面临着许多新变化、新问题和新挑战，呈现出新的特点。因此，开展思想政治教育质量测评工作必须充分认清新形势下测评工作的现状与必要性、特征与要求，才能建立科学合理的测评指标体系。

## 第一节　高校辅导员开展思想政治
## 教育质量测评的现实需要

　　辅导员作为高校教育者的重要角色之一，承担着对学生进行思想政治教育的重要任务。辅导员开展思想政治教育的质量测评可以发现高校思想政治教育工作的不足和偏差，并能够为制定对接时代需求和学生特点的思想政治教育规划、提高教育水平等提供指导。

### 一、推进落实立德树人根本任务的需要

　　中共中央、国务院印发的《深化新时代教育评价改革总体方案》中指出："坚持立德树人，牢记为党育人、为国育才使命，充分发挥教育评价的指挥棒作用，引导确立科学的育人目标，确保教育正确发展方向。"党的二

十大报告中强调:"全面贯彻党的教育方针,落实立德树人根本任务,培养德智体美劳全面发展的社会主义建设者和接班人。"①

《关于加强和改进新形势下高校思想政治工作的意见》指出,"高校立身之本在于立德树人",强调了高校思想政治工作重要性。高校是"培养又红又专、德才兼备、全面发展的中国特色社会主义合格建设者和可靠接班人"的主要平台,提升学校思想政治教育质量非常必要,这便需要科学、系统的大学生思想政治教育质量测评体系的支持。大学生思想政治教育质量测评体系是学校思想政治工作的重要组成部分,"立德树人"不仅是衡量大学生思想政治教育质量测评体系科学性、真实性、客观性的标准,而且能够推动其持续优化。

## 二、推进高校思想政治教育工作制度化的需要

中共中央、国务院印发的《深化新时代教育评价改革总体方案》中指出,"为深入贯彻落实习近平总书记关于教育的重要论述和全国教育大会精神,完善立德树人体制机制,扭转不科学的教育评价导向,坚决克服唯分数、唯升学、唯文凭、唯论文、唯帽子的顽瘴痼疾,提高教育治理能力和水平,加快推进教育现代化、建设教育强国、办好人民满意的教育""系统推进教育评价改革,发展素质教育"。

2016 年 12 月,中共中央、国务院印发的《关于加强和改进新形势下高校思想政治工作的意见》中也明确提出要健全高校思想政治工作评价体系,研究制定内容全面、指标合理、方法科学的评价体系,推动高校思想政治工作制度化。2019 年,教育评价改革的文件中也进一步强调了高校思想政治工作的重要性。在中共中央、国务院印发的《中国教育现代化 2035》中,明确提出要"构建教育质量评估监测机制,建立更加科学公正的考试评价制度,建立全过程、全方位人才培养质量反馈监控体系"。这为今后一个时期的教育测评工作指明了方向。

---

① 习近平 . 高举中国特色社会主义伟大旗帜　为全面建设社会主义现代化国家而团结奋斗:在中国共产党第二十次全国代表大会上的报告 [R]. 北京:人民出版社,2022:34.

### 三、提升辅导员思想政治教育工作专业水平的需要

测评既是教育的手段，也是教育的环节。一项好的测评能够帮助辅导员改进教育方法、提升工作专业水平，能够为教育行政部门、学校等提供合理决策的依据。具体来说，辅导员思想政治教育的质量测评可以发现教育过程中存在的问题，及时纠正辅导员的教育方法，促进辅导员的专业水平提高，实现教育目标。因此，完善辅导员开展思想政治教育的质量测评，对于提高学生的思想政治教育质量、适应高校教育发展的需要，以及推动未来高校思想政治教育不断深入和完善是非常必要的。

### 四、提高学生思想政治素质的需要

一项好的测评不仅能够提升辅导员思想政治教育工作专业水平，而且还能够引导学生发现自身问题、优化学习方式。随着社会的发展，学生所面对的问题越来越多，思想政治教育也变得更加复杂和深刻。辅导员开展思想政治教育的质量测评能促使其更好地达成教育目的，让学生树立正确的世界观、人生观、价值观，提高学生的思想政治素质。

## 第二节　高校辅导员开展思想政治教育
## 质量测评的现状及分析

对我国高校辅导员开展思想政治教育测评的现状及分析的研究，主要可以从高校辅导员开展思想政治教育质量测评的成效、存在的问题及问题的原因等方面进行探讨。

### 一、高校辅导员开展思想政治教育质量测评的成效

在辅导员工作评价方面，2004 年，《关于进一步加强和改进大学生思想政治教育的意见》明确了辅导员的身份，客观上推动了辅导员队伍、工作和对应研究的全面发展。根据中国知网搜索统计，有关高校辅导员工作评价的学术文章有 100 余篇。从高校工作人员的身份属性来看，其中有不少研究引

入了管理学中的绩效评估、360 度评价等理论。如有的研究从辅导员绩效角度入手，梳理了高校辅导员工作绩效评价的理论基础和知识借鉴，提出了绩效评价的科学理念和基本原则，探索了绩效评价内容和指标体系、方法与技术以及评价结果的反馈和应用。[①]

**（一）高校辅导员开展思想政治教育质量测评宏观政策的制定**

2012 年，中宣部、教育部颁布《全国大学生思想政治教育工作测评体系（试行）》。这一文件的颁布和实施成为思想政治教育工作质量评价研究的标志性成果，也成为高校辅导员开展思想政治教育质量测评研究的标志性成果。该测评体系分省区市版和高校版，其中省区市版测试党委政府加强和改进大学生思想政治教育工作的进展和成效，包括 4 项一级指标和 12 项二级指标；高校版测试高等学校加强和改进大学生思想政治教育工作的进展和成效，包括 6 项一级指标和 20 项二级指标，主要采用材料审核和实地考察两种方法。测评结果以 A、B、C、D 描述，分别对应优秀、良好、合格、不合格。2013 年，中宣部、教育部联合下发通知，要求各地各高校按照《全国大学生思想政治教育工作测评体系（试行）》要求开展自测自评。2014年，两部门通过自测自评和抽查，形成了《全国大学生思想政治教育工作测评报告》。

党的十八大以来，习近平总书记多次就加强高校思想政治教育、加强高校宣传思想工作等方面发表重要讲话、作出重要指示。2016 年 12 月，全国高校思想政治工作会议召开；2016 年 12 月，中共中央、国务院印发的《关于加强和改进新形势下高校思想政治工作的意见》中也明确提出要健全高校思想政治工作评价体系，研究制定内容全面、指标合理、方法科学的评价体系，推动高校思想政治工作制度化。2017 年底，教育部印发了《高校思想政治工作质量提升工程实施纲要》（以下简称"《纲要》"）。就高校辅导员开展大学生思想政治教育质量测评而言，《纲要》立足新时代高校思想政治教育发展提出"十大"育人的要求。教育部针对高校辅导员队伍，出台了《高等学校辅导员职业能力标准（暂行）》和《普通高等学校辅导员队伍建设规定》等文件。

---

① 吴云志. 高校辅导员工作绩效评价体系研究 [D]. 大连：辽宁师范大学，2011.

**（二）高校辅导员开展思想政治教育质量测评理论基础研究**

马克思主义理论、思想政治教育学、教育统计学、教育测量学、管理学和系统科学等相关学科为高校辅导员开展思想政治教育质量测评奠定了坚实的理论基础。有学者提出，马克思主义哲学与伦理学是德育评估的根本理论基础，伦理学中关于道德原则、道德规范等学科理论为德育评估提供了丰富的内容和方法论基础。[①] 马克思、恩格斯的价值理论是德育评估的基石，他们提出的数量分析法，为德育评估提供了方法论的指导，同时也为德育评估直接提供方法。

**（三）高校辅导员开展思想政治教育质量测评指标体系研究**

《高等学校辅导员职业能力标准（暂行）》和《普通高等学校辅导员队伍建设规定》等文件的出台，便于制定可量化、可考察的测评指标体系，加强辅导员开展思想政治教育专项工作测评，为进一步完善和修订测评指标体系提供了依据。近年来，学者们关于辅导员开展大学生思想政治教育质量测评指标体系的研究取得了丰硕的成果。张雪华、刘阳提出："辅导员开展思想政治教育质量测评体系涉及多方面，如：受教育者、教育者、教育过程及教育效果等，因此，指标体系应是一个设有权重、客观公正、逐步细化的指标体系，可涵盖工作目标、制度建设、实施过程（包含具体内容、方式方法、途径载体等）、教育效果及特色创新等具体测评点。"[②] 各高校根据《高校思想政治工作质量提升工程实施纲要》《普通高等学校辅导员队伍建设规定》等相关文件和政策，并结合本校实际情况，制定了辅导员工作考核方案［见附件二：部分高校辅导员（工作）考核表］。

## 二、高校辅导员开展思想政治教育质量测评存在的问题

经过多年的发展，虽然高校大学生课内思想政治教育体系日益完善，但课外思想政治教育体系建设仍相对滞后，尤其是辅导员开展思想政治教育质量测评不容乐观。目前仍存在以下问题。

---

① 秦尚海. 高校德育评估论［M］. 北京：中国社会科学出版社，2006：59.
② 张雪华，刘阳. 新疆高职高专院校辅导员开展大学生思想政治教育质量测评体系研究［J］. 和田师范专科学校学报，2022，41（4）：81.

## （一）学生参与度不高

学生在面对繁重的学业压力时，往往把精力更多地集中在课堂学习上，因而对于辅导员开展的思想政治教育活动缺乏较高的积极性和投入度。他们可能认为参与思想政治教育活动会增加额外的负担和压力，因而对辅导员开展的思想政治教育活动参与意愿较低。另外，学生对辅导员开展思想政治教育活动的认知和理解程度也会影响他们参与的积极性。一些学生可能认为参与辅导员开展的思想政治教育活动对自己的发展和学术提升没有多大帮助，或者认为思想政治教育活动是枯燥无味的，缺乏吸引力。这使得他们对辅导员开展思想政治教育活动产生了强烈的抵触情绪。

## （二）测评的指标体系不完善

辅导员开展思想政治教育质量测评指标体系是测评工作开展的基础和工具。当前存在测评指标体系的设立不全面、规定不清晰，测评指标自身的表述缺乏科学性和严密性，有些指标体系存在一概而论的现象等问题。一些高校甚至只设置了简易可操作的指标分析点，例如学生出勤率、遵守纪律情况、获奖情况等易于衡量的部分，仅仅根据大学生的自我表述就作出了思想政治素质的测评结果，这引发了一些争议，难以让人信服。一些高校只重视评价学生有关思想政治素质的"知识"，例如理论课的考试成绩，而很少评价思想政治素质的"情感、意志、信念、行为"。这导致一些大学生只重视"两课"理论知识的学习和考试，而不重视在现实学习生活中的实践，出现了"知识"和"行为"两张皮的现象。这些问题存在的原因是高校缺乏一套完整的体现学生"知识、情感、意志、信念、行为"的思想政治素质测评指标体系。此外，评价标准缺乏层次性。一些高校仅列出大学生课外思想政治素质"优秀""合格""不合格"的评价标准，而在实际操作过程中对"良好、很差"的评价则只是进行简单的估量，缺乏精确的考量。陈桂淑指出："同时对学校不同年级、不同专业、不同层面的学生都使用同一套测评指标进行评价，对层次性有所忽视，导致学生评价体系在实施中灵活性不强、针对性不够、科学性降低。"[①]

---

① 陈桂淑.大学生德育测评存在的问题及应对策略［J］.中国成人教育，2008（12）：55.

**（三）测评的手段、方法过于单一**

辅导员开展思想政治教育包括社会主义核心价值观教育、社会实践、校园文化、网络平台、心理健康教育、就业创业以及党团、班级建设等内容，测评工作涉的范围广、内容多、难度大，因此需要制定一套严谨的方案。通过多渠道、多种方法有机结合，并长期坚持执行，才能取得良好的测评效果。然而，当前各高校对辅导员开展思想政治教育质量测评工作的手段普遍比较单一，方法不够丰富，这导致测评结果缺乏具体的考量依据。与智育、体育测评不同，思想政治教育的量化形式并不是那么直接和简单。我们确实找到了一些可以量化的方式来规范学生的行为，但对于大学生个体的思想意识、心理动机等意象性的因素，完全采用量化形式是非常困难的，并且在实践中是不可行的。因此，在实施测评工作之前，我们需要考虑一种新的考量方法，以确保测评结果有理有据。然而，一些高校的测评者在对辅导员开展思想政治教育质量进行测评时，并未采取有效的方法来解决这个考量难题。他们往往简化了工作程序，通常以学生思想小结代替辅导员开展思想政治教育质量测评。思想小结是辅导员开展思想政治教育质量测评中学生自评的一个重要环节。然而，部分高校将思想小结的功能扩大化，直接将其代替了辅导员开展思想政治教育质量测评，直接使用学生的思想小结作为判断其思想政治素质状况的依据。当需要提供学生思想政治素质状况的信息用于学生推优入党、评奖评优、推荐就业等，学校仅将学生的思想小结及辅导员的几句简单的评语作为论断。这些思想小结是由学生自己总结的，甚至辅导员的评语也是由学生自己写的。这些评价方式对于学生思想政治素质的整体情况并未全面涵盖，很多学生可能会避重就轻，总结的内容偏向正面信息，而忽略负面信息或根本不提及，这使得学生测评结果缺乏考量依据，可信度不高，从而未能充分发挥辅导员开展思想政治教育质量测评工作的应有作用。

**（四）测评的作用发挥不充分**

坚持立德树人的教育理念，牢记为党育人、为国育才的使命，充分发挥教育评价的导向作用，引导确立科学的育人目标，确保教育朝着正确的方向发展。辅导员开展思想政治教育质量测评旨在激发青年学生的政治觉悟，提高其思想素养，提升其道德修养，增强其法治意识和心理素质，而不是仅仅为了进行评价而评价。其主要目的是落实立德树人的根本任务，提升高校人才培养质量，有助于明确青年学生成长发展正确方向。习近平总书记强调："青少年阶段是人生的'拔节孕穗期'，最需要精心引导和栽培。"辅导员开展思想政治教育质量测评体系是高校全过程、全方位育人的重要组成部分，使青年学生在思想政治教育工作质量评价中对标自身实际，实现个人、社会、国家的协调统一发展，为广大大学生的成长发展提供了科学的航标。随着时代的进步和社会环境的变化，在多元价值共存、多种思潮交错的背景下，大学生需要正确的方向指引；从自身成长的角度看，大学生的身心发展也需要明确的指引。辅导员开展思想政治教育质量测评虽然是一种工作评价，但其中蕴含了丰富的教育理念和价值导向。在科学的思想政治教育工作质量评价过程中，大学生能够更好地理解思想政治教育的价值引导，进而明确自身成长发展的正确方向。传统的评价方式导致教育引导功能受到限制，即测评者仅使用测评工具、方法、指标体系内容等，而未能充分发挥教育引导功能，无法有效引导大学生坚定信仰、明确方向、树立道德品质，从而提高他们的素质。当前，我国大多数高校在辅导员开展思想政治教育质量测评方面仍采用传统的综合素质测评方法，试图从德、智、体三个方面综合地评价学生。然而，由于测试内容具有不同的性质，因此将德、智、体赋予权重之后相加得出的成绩并不能准确反映辅导员开展思想政治教育质量的高低。此外，对于辅导员开展思想政治教育质量方面的考察也仅限于简单归纳学生纪律的表现和参加学校活动等方面，这些问题也是学生测评难以克服的弊端。同时，许多高校在操作过程中，只关注学生综合素质测评的分数，并将该分数作为评定学生奖学金、三好学生、优秀毕业生、推荐学生入党等工作的重要参照依据，而忽略了分值得出的过程，更不用说去关注分值背后的意义。这种传统的学生评价方式，实际上将辅导员开展思想政治教育质量测评工作目的局限在了获得综合素质测评的分值上，这在一定程度上弱化了辅导员开展思想政治教育质量测评的教育和引导功能。这种评价方式容易给学生的发展带来一定的障碍，甚至可能会使学生的发展走向片面化，从而背离教育目标。

## 三、高校辅导员开展思想政治教育测评存在问题的原因

### (一) 对测评的认识不到位

党的十九届四中全会提出持续推进国家治理体系和治理能力现代化的重要议题。在治理现代化的时代背景下，更加重视并持续深化思想政治教育工作质量评价研究，是推动思想政治教育工作不断提升科学化水平，促进思想政治教育实现治理现代化的重要环节。大学生思想政治教育事关培养社会主义合格建设者和可靠接班人的重大战略目标。对辅导员开展思想政治教育工作质量进行科学评价既是思想政治教育工作实践不断深化发展的客观要求，也是深刻适应思想政治教育创新发展的重要内容。一些高校对辅导员开展大学生思想政治教育质量测评的认识不够，没有把学校教育育人为本、德育为先落实到位，在测评工作上走过场、持应付的态度，他们对辅导员开展思想政治教育质量测评仅仅以学生思想小结为准，仍然把学生的智育成绩作为评判学生优劣的主要标准。学习成绩优秀的学生，鉴定结果自然为优秀，反之亦然。此外，一些高校对辅导员开展大学生思想政治教育的认识存在一定的误区，他们将辅导员开展思想政治教育等同于学生管理。这种认识倾向导致许多辅导员将减少学生违规违纪现象和确保无安全事故作为大学生思想政治教育工作的主要目标。这种观点使得辅导员开展思想政治教育质量测评逐渐倾向于以学生"不出事"为标准进行评价，甚至很多高校将学生"不出事"作为衡量学生思想政治教育工作成功与否的标准。如果一个院（系）有一个学生"出了事"，该院（系）的思想政治教育工作考评就会被一票否决。在这种思想影响下，辅导员开展思想政治教育工作仅仅局限于消极维护校园秩序，其质量测评工作自然会被忽视和漠视。目前，辅导员开展思想政治教育质量测评中存在学生参与度不高、测评的作用发挥不充分、对测评的认识不到位等问题。

### (二) 思想政治教育质量测评科学性和有效性不足

首先，评价指标不够准确和全面。目前在思想政治教育质量的评价过程中，缺乏科学准确的评价指标和切实可行的量化方法。评价指标过于宽泛，

无法全面准确地评估辅导员和学生在思想政治教育中的表现。同时，量化方法也不够科学，对于学生思想政治素养的评价存在主观性和难以量化的问题。其次，缺乏有效的反馈机制和改进措施。思想政治教育质量测评的结果缺乏及时有效的反馈机制，无法为辅导员提供具体和可操作的改进意见。辅导员无法根据评价结果和反馈信息进行有针对性的改进和提升，这使得质量测评的意义和效果受到一定的限制。另外，评价过程中存在主观性和个别化的问题。思想政治教育质量测评往往依赖于问卷调查和人工评估，评价结果容易受到个人主观因素的影响，缺乏客观性和科学性。不同辅导员的评价标准和方法也可能存在差异，导致评价结果不够一致和公正。

综上所述，辅导员开展思想政治教育质量测评存在学生参与度不高以及思想政治教育质量测评不够科学和有效的问题。这主要源自学生对思想政治教育活动的参与意愿不足，缺乏引导和激励机制，以及思想政治教育质量测评中评价指标不准确全面、缺乏有效的反馈机制和存在主观性等因素。针对这些问题，需要加强对学生的引导和激励，优化思想政治教育质量测评的指标体系和评价方法，以提升辅导员开展思想政治教育的质量和学生的参与度。

## 第三节　高校辅导员开展思想政治教育质量测评的特征与要求

高校辅导员是大学生思想政治教育的核心力量，其思想政治教育成效关系到高校思想政治工作的水平和质量。新时代面临新的挑战和问题。根据新时代高校思想政治教育新的内容和要求，对高校辅导员开展思想政治教育质量测评有了新的特征与要求。

### 一、高校辅导员开展思想政治教育质量测评的特征

随着时代的变迁和大学生思想状况的改变，辅导员开展思想政治教育工作的方式和方法也在不断变化，进而高校辅导员开展思想政治教育质量测评

也需要适应这些新的变化，从而呈现出新的特征。具体而言，有以下几个方面的特征。

### （一）导向性

高校辅导员开展思想政治教育质量测评体系必须坚持社会主义办学方向，坚持以马克思主义为指导。测评的目的不仅是为了发现问题和不足，更是为了引导和激励辅导员更好地开展工作。因此，高校辅导员开展思想政治教育质量测评要设定明确的目标，确保测评的重点和方向与整体战略目标保持一致，从而引导辅导员围绕目标开展工作。

### （二）综合性

高校辅导员开展思想政治教育质量测评是一个综合性的评价过程，涉及教育内容、教育方式、教育效果等多个方面。在执行测评过程中，只有综合考虑辅导员的工作表现、学生反馈、教育活动组织等多方面的因素，质量测评才具有综合性。因此，高校辅导员开展思想政治教育质量测评需要从多个角度进行全面评价，包括学生、辅导员、领导、同事等多个方面，需要采用多种测评方法和手段，全面了解辅导员的工作情况和效果，确保测评结果的客观公正。

### （三）前瞻性

高校辅导员开展思想政治教育质量测评不仅仅是对辅导员过去工作的评价，更是对未来工作的导向。在测评中，需要关注辅导员的专业发展、学生的全面发展，以及思想政治教育的持续改进。新时代的高校思想政治教育工作要不断适应社会发展和学生成长的需求，质量测评也需要具有前瞻性。因此，开展辅导员思想政治教育质量测评要确保指标能够反映当前的工作要求和发展趋势，及时调整和更新指标内容，以适应不断变化的环境和需求。

### （四）实效性

高校辅导员开展思想政治教育质量测评不仅需要关注其过程，更要关注其结果。因此，质量测评具有实效性，要以实际效果为方向，通过数据和事实来反映思想政治教育的实际效果。测评指标要能够准确地反映被测评对象的特定能力和特点，以及与组织目标和发展方向相符合的程度。

### （五）动态性

辅导员开展思想政治教育是一个动态的过程，因此，质量测评也需要动态进行，及时收集质量测评的结果和反馈信息，需要从目标设定到改进提高等多个方面进行持续改进，不断调整和优化测评指标体系。通过持续的改进和提高，确保辅导员思想政治教育工作的质量和效果。

总之，高校辅导员开展思想政治教育质量测评具有导向性、综合性、前瞻性、实效性和动态性。把握好这些特征对于提升测评工作的效果和质量、推动辅导员思想政治教育工作的创新和发展具有重要意义。

## 二、高校辅导员开展思想政治教育质量测评的要求

随着高校辅导员开展思想政治教育质量测评的新特征的出现，对质量测评的要求也相应地发生了变化。主要表现为以下四个方面。

### （一）合理制定指标体系

高校辅导员开展思想政治教育质量测评的要求之一是合理制定指标体系。制定科学合理、符合实际的测评指标体系对于评价辅导员思想政治教育质量具有决定性作用。测评人员应依据不同高校、不同年级以及不同专业学生的需求，综合考虑不同维度的指标，合理制定思想政治教育指标体系。

第一，需考虑到思想政治教育的实际要求。高校辅导员开展思想政治教育质量测评的指标体系，首先应当考虑到思想政治教育的实际要求。思想政治教育的本质是要引导以及促进高等教育院校生的人格全面发展，使之成为思想政治素质高、品德健全、知识扎实的优秀人才。基于此，在指标体系的制定中，应当注重以下方面的要求：重视培养高等教育院校生的思想政治素质；强调综合素质的提升；注重创新精神以及实践能力的培养等。同时，在该要求下，高校辅导员应严格按照学校、行业、地区及国家相关的标准以及规定，将这些要求具体化到相关指标上，形成指标体系，为后续的测评提供科学可靠的评价依据。①

---

① 赵健. 论新媒体时代高校辅导员开展网络思想政治教育的路径选择［J］. 教育理论与实践，2019，39（3）：3.

第二，指标体系要符合高校辅导员以及高等教育院校生的现实需求。高校辅导员开展思想政治教育质量测评的指标体系，在实践中也应当关注高校辅导员以及高等教育院校生的现实需求。这些需求主要包括高校辅导员的教育实践需要以及高等教育院校学生学习生活的实际状况。具体来看，指标体系应合理分配综合素质、学业表现、参与校园活动、思想道德品质等几个方面的权重，使其更为符合高校辅导员以及高等教育院校生现实需求。此外，应当充分考虑高等教育院校生的文化背景、学习习惯、社会背景等各种因素的影响，使测评更加公正、客观、可靠。

第三，指标体系应当具备科学性以及实用性。高校辅导员在开展思想政治教育质量测评时，指标体系应具备科学性以及实用性。这意味着指标体系应当能够反映出教育实践的需求以及高等教育院校生的现实状况，能够被广泛验证以及认可。同时，该指标体系的参数应可以接受、易于理解以及便于操作，具有实际应用的性价比。最终，高校辅导员应按照指标体系，依据高等教育院校生的实际表现，进行评价以及考核，并得出评估结果，为高校辅导员今后工作提供更好的指导及帮助。

综上所述，高校辅导员开展思想政治教育质量测评的要求之一是合理制定指标体系。从思想政治教育实际需求、高校辅导员和高等教育院校生现实需求，以及指标体系的科学性和实用性三个方面，高校辅导员应制定出系统严谨的指标体系，以科学可靠的方法评价高等教育院校生，提升高等教育院校生的思想政治素质。

**（二）采用科学合理的测评方法**

不同的思想政治教育指标需要采用不同的测评方法。高校辅导员应选用科学可行的、有较高准确性的测评方法，如问卷调查、实地考察、讲座辅导以及定量分析等，确保测评结果的可信度及可行性。

高校辅导员开展思想政治教育质量测评的要求之二是采用科学合理的测评方法。测评方法是评价高等教育院校生的关键，一个好的测评方法可以使高等教育院校生得到公正、客观、准确的评价，为其后续的发展提供支持以及推动作用。基于此，在高校辅导员思想政治教育质量测评中，应当选择适当的测评方法，保障其科学合理性以及实效性。接下来，该部分将从三个视域对该要求进行详细阐述。

一是将素质测评以及能力测评相结合。高校辅导员开展思想政治教育质量测评时，应当将素质测评以及能力测评相结合。首先，素质测评要求对高等教育院校生的知识、态度、行为等进行评价，是思想政治教育测评的重要组成部分。其次，能力测评要求对高等教育院校生的创新能力、实践能力、组织领导能力等进行评价，较好地反映了传统教育忽视的能力因素。基于此，在测评过程中应认识到素质测评以及能力测评的重要性，并综合开展，能为更为全面以及有效的教育测评提供支持。

二是注重采用多元化的评价手段。高校辅导员开展思想政治教育质量测评时应注意采用多元化的评价手段。在教育历程中，不同的高等教育院校生对于特定的教育因素的敏感度是不同的。基于此，在进行测评时不能只运用单一的评价手段，而应结合多种手段进行评价，以充分体现教育的多视域特征。基于此，在具体操作中应采用如问卷调查、小组讨论、观察记录、实践考核等综合测评方法，以提升测评的有效性和可靠性。

三是把握测评的科学性和实用性。在高校辅导员开展思想政治教育质量测评时，应当把握方法的科学性和实用性。在设计评价手段时，应选择科学的方法以及工具，确保评价的科学性和严谨性。同时，评价的结果应具有可操作性，以帮助高校辅导员对高等教育院校生进行更具针对性的管理，同时满足评价实用的要求。这可以通过制定相应的评价标准以及指导文件，为教师以及高等教育院校生提供更具体、可靠、规范的测评指导以及帮助。

综上所述，高校辅导员开展思想政治教育质量测评的要求之二是采用科学合理的测评方法。在具体实践中，高校辅导员应当将素质测评以及能力测评相结合，注重采用多元化的评价手段，并把握测评的科学性和实用性，以达到科学合理的教育测评理念的要求。

### （三）构建行业标准

构建行业标准是指依据职责要求、工作实践、行业经验构建一系列标准以及准则，以此来规范高校辅导员的工作表现以及素质。构建合适的行业测评标准在核定思想教育测评方案、统一测评指标、制定测评程序等方面都具有重要意义，可有效指导高校辅导员开展思想政治教育质量测评工作。该部分将从三个视域具体阐述构建行业标准的必要性以及实施方法。

### 1. 构建行业标准的必要性

一是规范高校辅导员行为，促进工作质量提升。行业标准可以形成完善的职业规范体系，使高校辅导员在工作中遵循规范以及标准，促进高校辅导员职业精神的形成，实现高校辅导员工作的规范化、制度化。标准化的工作流程可以提升高校辅导员的工作效率，同时也可以减少高校辅导员的工作负担，使高校辅导员能更加专注于教育工作，提升工作质量。二是增强高校辅导员职业自律性以及责任感。行业标准可以引导高校辅导员认真履行工作职责，依法依规开展工作，养成追求卓越的职业态度以及职业道德，提升高校辅导员的专业素养以及职业素养，增强高校辅导员的责任意识以及专业意识。三是推动高校辅导员行业化、科技化。行业标准可以激发高校辅导员创新创造力，推动教育行业化发展，强化对高校思想政治教育的全方位管理，促进思想政治教育的质量提升。同时，行业标准可以促进教育管理的信息化、科技化，提升工作效率和管理质量，从而更好地适应信息化发展的趋势。

### 2. 构建行业标准的实施方法

一是高校辅导员的职责以及工作实践是构建行业标准的基础。在构建标准时，应根据高校辅导员的工作内容以及工作特征，深入分析高校辅导员承担的职责以及任务，并参考国家相关标准，制定相应的标准以及准则。二是强化培训以及评估。为了推动行业标准的实施，应强化对高校辅导员的培训，提升高校辅导员的标准化素质以及职业道德。并且定期组织评估高校辅导员的工作表现，确保工作符合标准要求[①]。三是完善标准化考核机制。构建标准化考核机制，强化对高校辅导员的行业监督以及指导，定期对高校辅导员进行考核，对符合标准的高校辅导员给予表彰以及奖励，并对不符合标准的高校辅导员进行约束以及处罚。

### 3. 构建行业标准的具体内容

构建行业标准需要考虑到高校辅导员的职责以及工作实践，内容应当具

---

① 单成巍．大学生思想政治教育视角下高校辅导员与专业教师协同育人对策研究［J］．教育探索，2019（6）：4.

有一定的可操作性和可评测性。常见的内容有：业务素质标准，包括高校辅导员的政治素质、站位素质、方法素质、专业素质等方面的要求；工作规范标准，包括高校辅导员要遵守各项规定以及业务操作规范；工作效率标准，包括工作质量、工作速度、工作态度等方面的要求；服务质量标准，包括依法依规开展工作、优化教育服务、强化业务培训、监督自我规范等方面要求。

综上所述，构建行业标准是高校辅导员开展思想政治教育质量测评的要求之三。行业标准可以规范高校辅导员职业行为以及工作质量，增强高校辅导员的职业自律性以及责任感，推动高校辅导员行业化、科技化，提升思想政治教育的质量。在实施行业标准时，应根据职责要求、工作实践以及行业经验构建标准，强化培训以及评估，完善标准化考核机制，构建拥有一定可操作性和可评测性的具体内容。

### （四）进行持续性改进

高校辅导员开展思想政治教育质量测评的要求之四就是进行持续性改进。只有不断地改进测评工作，高校辅导员才能够实现自我超越以及教育工作的不断发展。下面将从改进的概念以及必要性、具体实施方法两个方面详细探讨持续性改进的要求。

#### 1. 改进的概念以及必要性

改进是指对工作的不足之处进行修改以及完善，以期达到更加好的工作效果。持续性改进是指在高校辅导员开展思想政治教育质量测评工作中，不断寻找测评工作的问题、调查原因，制订改进计划并实施，从而达到更好的效果，并且持续不断地进行改进工作。持续性改进的必要性在于：一是知识更新。持续性改进能够促进知识的不断更新，帮助高校辅导员掌握最新的理论知识、技能与工具，使其具备对工作的自我检查以及分析能力。二是持续提升质量。持续性改进致力于在以往工作的基础上，不断优化工作流程以及质量，使其更好地适应现实需要，进而不断提升工作质量。三是更好地满足需求。持续性改进可以帮助高校辅导员更好地了解高校辅导员工作的需求，准确掌握高校思想政治教育工作的实际状况，为高校辅导员提供更为精细、妥善的服务，更好地满足高校辅导员的需求。

2. 持续性改进的具体实施方法

要实现持续性改进的工作要求，测评人员需要采取恰当的方法。以下是一系列常见的实施方法：一是不断总结经验，借鉴先进经验。测评人员需要时刻反思、总结工作经验，分析提升的空间。同时，也需要学习先进的教育经验，将其借鉴到自己的工作中去，从而实现不断的提升。二是善于倾听意见，勇于改正错误。测评人员需要保持开放的心态，面对不同意见以及反馈，认真倾听并思考，能够勇于纠错并付诸实践。三是寻找问题，制订改进计划。测评人员需要对自己的工作进行仔细的分析以及评估，发现存在的问题以及不足之处，并制订出相应的改进计划。四是实施改进计划，做好落实工作。改进计划需要切实可行，不能停留于口号。测评人员需要认真执行改进计划，并不断跟踪评估改进进展状况，并做出适当的调整。五是激励与鼓励高校辅导员积极参与改进工作。质量测评的持续性改进要求需要每个高校辅导员的共同配合以及支持，学校可以通过制定奖励机制、表彰先进等方式，激励以及鼓励高校辅导员积极参与改进工作。总之，持续性改进的要求是高校辅导员开展思想政治教育质量测评的重要组成部分。要实现持续性改进的工作要求，测评人员需要采取恰当的方法，不断提升思考以及行动能力，积极推动教育的变革与发展。

综上所述，在具体测评实践中，我们需要根据新的特征和要求制定科学合理的测评方案，以提高辅导员开展思想政治教育质量测评工作的质量和效果。

# 第二章
# 高校辅导员开展思想政治教育质量测评的主要依据

理论是指导实践的依据，高校辅导员开展思想政治教育质量测评必须以理论为基础。本章主要探讨测评理论、测评方法、测评模式。理论层面的深入探讨可以为高校辅导员开展思想政治教育质量测评提供有力的指导和支持。

## 第一节　高校辅导员开展思想政治教育质量测评理论

没有理论指导的活动是盲目的活动，辅导员开展思想政治教育质量测评同样离不开理论的指导。马克思主义可为辅导员开展思想政治教育质量测评提供科学的世界观和方法论，心理测量学、教育统计学、教育评价学等则为辅导员开展思想政治教育质量测评奠定了坚实的理论基础。

### 一、以马克思主义为指导

马克思主义哲学即辩证唯物主义和历史唯物主义，是科学的世界观和方法论。它是一切学科研究的根本指导思想。辅导员开展思想政治教育质量测评要坚持以马克思主义为指导，就是要坚持以马克思主义的基本立场、观点和方法来分析辅导员开展思想政治教育的价值及其测评问题。例如马克思主义哲学普遍联系的观点使我们懂得，大学生综合素质的培养离不开辅导员的思想政治教育，因此辅导员开展思想政治教育质量测评指标体系的选定就要坚持全面系统的观点，包括大学生思想道德素质、人文素质、创新素质、专业素质和身心健康素质。再者，马克思主义认识论告诉我们，构建辅导员开展思想政治教育质量测评指标体系是从可测目标开始，通过对被测对象的一些特征和现象的认识和把握，进而认识事物的本质。列宁说："实践高于（理论的）认识，因为实践不仅有普遍性的优点，而且有直接现实性的优点。"① 可见，以马克思主义为指导，对辅导员开展思想政治教育质量测评具有非常重要的价值。

**（一）马克思主义关于人的全面发展理论**

我国教育的目标是培养全面发展的人。人的自由全面发展问题是马克思主义创始人始终关注的一个重要领域。马克思在《1844 年经济哲学手稿》中指出："人以一种全面的方式，也就是说，作为一个完整的人，占有自己的全面的本质。"② 马克思和恩格斯在《共产党宣言》中提到："每个人的自由发展是一切人的自由发展的条件。"③ 这些论述说明，马克思主义的人的自由全面发展是自然历史赋予人的全面发展，是自然历史赋予人的各种潜能素质的全面发挥，是人的个性的丰富完满，是人的历史发展的必然归宿。它不仅包括人的智力、体力等方面的充分发挥，还包括人的道德、精神、社会等方面的素质的提高。教育评价提出了促进学生素质全面发展的要求，从唯分数、唯升学、唯文凭、唯论文、唯帽子的旧取向转为人的知识、人的价值的新取向，改变评价中见物不见人的现象，促进人的自由而全面发展。由此，马克思主义关于人的全面发展理论是辅导员开展大学生思想政治教育质量测评实践的理论指导，是我们研究大学生综合素质发展、研究高校辅导员思想政治工作成效、促进高校思想政治教育的重要理论依据。我们在测评指标体系设计中不仅仅要注意学生对于专业知识和技能的学习，还要关注学生的思想情感以及实践创新能力的发展。

**（二）马克思主义的价值理论**

马克思主义哲学是真理观和价值观的有机统一，它科学地揭示了价值的

---

① 中共中央马克思恩格斯列宁斯大林著作编译局 . 列宁全集：第 38 卷［M］. 北京：人民出版社，1990：227.

② 中共中央马克思恩格斯列宁斯大林著作编译局 . 马克思恩格斯全集：第 42 卷［M］. 北京：人民出版社，1990：123.

③ 中共中央马克思恩格斯列宁斯大林著作编译局 . 马克思恩格斯全集：第 1 卷［M］. 北京：人民出版社，1990：294.

本质与特征、价值评价的特点与标准、价值观的形成与功能。现存事物既是人们认识的对象,又是人们评价的对象,通过评价从而合目的地改变现实,进而创造属人的现存世界。

所谓评价,就是主体在对客体属性、本质和规律进行认识的基础上,把自身需要的内在尺度运用于客体,对主体与客体之间的价值关系进行评判。① 这对于辅导员开展大学生思想政治教育质量测评的深入研究具有深刻的理论意义。

其一,评价仍然是一种认识活动,是主体与客体之间一种特殊的相互关系。评价必须把主体的利益和需要作为内在尺度运用于评价的客体。而主体又是具体的、历史的、不断变化着的,因此,评价是随着满足主体的变化发展而变化发展的。高校思想政治工作因事而化、因时而进、因势而新,在开展大学生思想政治教育质量测评的基础上,才有可能产生新的目标、计划、方案和决策,使认识向实践飞跃,才能培养又红又专、德才兼备、全面发展的中国特色社会主义合格建设者和可靠接班人,才能真正使高等教育决策和辅导员开展大学生思想政治教育行为符合教育发展的客观规律。

其二,由于对价值的评价是以主体作为尺度,在评价性认识中含有主体的意向、愿望和要求,不同的主体从不同的利益和需求出发,会做出不同的价值评价。这就说明,评价会受到各种历史条件和主客观因素的制约。列宁说:“只有根据决定论的观点,才能作出严格正确的评价,而不致把什么都推到自由意志上去。”② 所以说,在认识对象的同时需要客观地正确理解和认识实际需要,越是深刻全面地把握主体与客体、实践与认识的本质特点和运动规律,把握其相互作用,才能越深入地、全面地评价事物。只有这科学的、合理的评价才对事物具有指导意义。主体的需要是不断发展变化的、对高校思想政治教育工作及大学生正确价值观的形成规律的认识也有一个过程,因而对大学生思想政治教育的认识与测评也不是一蹴而就的。大学生思想政治教育质量测评及其预见性应该不断充实、发展和验证,而不作为绝对

---

① 陈先达,杨耕. 马克思主义哲学原理 [M]. 3 版. 北京:中国人民大学出版社,2010:171.

② 中共中央马克思恩格斯列宁斯大林著作编译局. 列宁选集:第1卷 [M]. 北京:人民出版社,1995:26.

的、一成不变的指标和律条。因此，辅导员开展大学生思想政治教育质量测评只有正确认识客体的实际情况和主体实际需要，才能形成科学的、合理的价值评价。

## 二、借鉴心理学和统计学等相关学科的方法

除了马克思主义哲学学科对辅导员开展大学生思想政治教育质量测评有指导意义外，心理学、统计学、管理学、计算机技术等学科对辅导员开展大学生思想政治教育质量测评也提供了重要的方法指导。例如，系统理论是具有逻辑和数学性质的一门新兴的学科，它所揭示的整体原理、动态原理、反馈原理以及最优化原理为辅导员开展大学生思想政治教育质量测评提供了重要的方法论指导。特别是教育评价学、统计学、测量学和计算机科学等相关学科，更是为辅导员开展大学生思想政治教育质量测评提供了直接的方法借鉴。

### （一）测量学和教育评价学

测量学和教育评价学不仅在教育教学及教育管理等实际工作中具有重要的应用价值，而且在社会各个领域的人才选拔和评价过程中也有广泛而重要的应用。就辅导员开展大学生思想政治教育质量测评而言，以追求事物发展的客观性而展开的教育评价、以追求客观的量化结果为目的的教育测量，都为其发展提供了评价理念和测量方法上的借鉴。

测量学科的发展为辅导员开展大学生思想政治教育质量测评提供了可资借鉴的方法。此外，在教育测量运动中，不断完善的测量规则和编制测验的基本准则为辅导员开展大学生思想政治教育质量测评奠定了方法论基础。例如，仅从教育测量中品德测评方法的研究来看，存在操行评语法、操行加减评分法、考试考核测评法、积分测评法、模糊综合评判法、品德情景测评法等多种常用方法。这些方法的归纳与总结，对进一步认识辅导员开展大学生思想政治教育质量测评以及开展大学生思想政治教育质量测评实践具有重要的参考价值。

### （二）统计学和数学

从信息论的角度来看，辅导员开展大学生思想政治教育质量测评实际上是根据测评目的来收集、处理、分析并解释测评信息的过程。如果没有或缺

乏测评信息，就无法进行测评；如果不能搜集到真实全面的测评信息，更难以得出正确合理的测评结论。因此，为了顺利实施辅导员开展大学生思想政治教育质量测评，掌握必要的信息整理与分析技术和方法是基础。这需要借助统计学、模糊数学等数学学科的相关原理和方法。

通常来说，搜集辅导员开展大学生思想政治教育质量测评信息的方法有多种，主要的方法包括量表测验法、观察法、访谈法、文献档案法、问卷调查法等。只有对这些方法获取的大量原始数据（包括文字和数字数据）进行整理和分析，才能给出正确的解读和评估。数据的整理、统计分析涵盖了集中趋势分析（例如加权平均数、中位数等）、离中趋势分析（如标准差等）以及多变量间关系的分析和推论统计等多项步骤。对于一些界限不明确或者并非"非此即彼"而是"亦此亦彼"的现象，例如在分析人的思想品德中所涉及的态度和情感问题时，需要运用"隶属度"这一概念，并借助模糊数学的相关原理来进行深入分析。

### （三）计算机学科

教育质量测评应用了测量学、心理学、行为科学等相关科学的研究成果，其中计算机学科与技术的运用是辅导员开展大学生思想政治教育质量测评顺利开展的必要条件。辅导员开展大学生思想政治教育的特殊性决定了其测评指标体系的复杂性。据此应多方面搜集测评信息，运用数学方法和计算机工具处理，把评估者对不同个体心理感觉的差异反映于数量差异上，使纷繁复杂的行为特征描述或等级，可以由彼此的离散状态非常方便地得到汇集与综合。随着计算机技术的飞速发展，教育测评中的记分和报告的效率得到进一步提高，而测评题库的建立也使得测评方式多种多样。所以，在辅导员开展大学生思想政治教育质量测评的具体实施中，可开发相关的测评软件，建立评价常模，提高对辅导员开展大学生思想政治教育质量测评的对象和规律的认识把握，从而推进辅导员开展大学生思想政治教育质量测评的科学化和现代化。

## 第二节　高校辅导员开展思想政治教育质量测评方法

设计合理的测评方法是确保测评结果准确性和可靠性的关键步骤。测评方法的设计应该涵盖数据采集、数据处理和数据分析等环节，且应该根据测评的目的和需要进行合理的选择和组合，以保证测评的科学性和准确性。本节将从测评方法的设计视域出发，详细介绍思想政治教育质量测评的方法及设计。

### 一、访谈法

访谈，就是研究性交谈，是以口头形式，根据被询问者的回答搜集客观的、不带偏见的事实材料，以准确地说明样本所要代表的总体的一种方式。[①] 根据不同标准，访谈可划分为重点访谈、深度访谈、座谈会等不同的类型。在高校辅导员开展思想政治教育工作质量测评中，访谈法被广泛运用，其形式主要表现为深度访谈与座谈会相结合。教育部指出，大学生思想政治教育需要注重时效性和针对性，即教育是否对学生的身心发展产生积极影响，是否符合其发展规律，以及给他们带来何种行为变化等。这些方面虽然可以通过行为数据反映出来，但更需要通过访谈来深入了解学生的主体感受和行为背后的原因。例如，专家入校后通常会访谈教学单位及管理部门、学生，这种访谈可以深入了解学校的办学思想、办学特色、教育教学改革、人才培养模式改革等问题；访谈教师、学术带头人，可了解专业教师素养、教师专业发展举措、教学质量、职业技能等；通过组织相关学生进行座谈，可以获得学生对于辅导员思想政治教育工作质量的质性评价。除专家入校访谈之外，校内管理者也可以通过多样化的访谈活动来扩展思想政治教育模式，提升教育效果。例如，安徽农业大学从 2001 年开始尝试思想政治课课堂访谈法教学。通过不断探索，该校现在已经逐步形成访谈法教学新模式，

---

① 赫伯特·J. 鲁宾，艾琳·S. 鲁宾. 质性访谈方法：聆听与提问的艺术［M］. 卢晖临，连佳佳，李丁，译. 重庆：重庆大学出版社，2010：10.

该模式包括访前准备、主题确立、访谈实施和访谈延伸四个环节，更适合学生。再如，近年来，衡阳师范学院广泛调研学生就业思想动态，开展了"衡师优秀学子访谈""优秀毕业生访谈""最美乡村教师访谈"等系列访谈活动四十余场，涵盖职业发展、就业创业、大学生思想引领等活动主题。活动结束后，通过分析参与学生的访谈资料，可以获得学生对该类型教育模式的满意度和改进需求，极大地提高了该校思想政治教育工作质量。同时，在微观的思想政治教育课堂中，也可运用访谈教学法与学生进行思想沟通，授业解惑，帮助他们形成正确认识。总之，访谈法具有便捷性和可行性，无须过多借助外部辅助设备，通过引导和深入交谈即可获得有效的第一手资料。然而，访谈法受到访问者与被访者双方主观因素的影响较大，访谈过程中工作人员的态度和技巧也会直接影响访谈的质量。为了提升测评的公正性，在实际应用中可从被评估对象选取、访谈人员培训、访谈资料分析三个环节加强培训。

## 二、观察法

观察法是指研究者根据一定的研究目的和研究提纲或观察表，用自己的感官和辅助工具去直接观察被研究对象，从而获得资料的一种方法。[①] 科学的观察具有目的性和计划性、系统性和可重复性。观察法的种类有自然观察法、时间样本法、情境样本法、真相观察法（观察全过程）。[②] 常用的观察方法有核对清单法、级别量表法、记叙性描述。[③] 观察法适用面较广，收集信息的机会较多，具有其突出优势。但因人的感觉器官具有局限性，所以观察者往往需要借助一些现代化的仪器和手段来辅助观察。即使它存在一定的方法缺陷，仍是现在最为重要的评价方法之一。

观察记录既可采用摘要描写形式记载，又可以使用检核表记录。例如："张三，某月某日最早到校。到教室后，自觉坐在座位上，拿出书本，大声读书。"这就是描写形式的记录。

---

① 丹尼·乔金森. 参与观察法 [M]. 龙筱红，张小山，译. 重庆：重庆大学出版社，2009：4.

② 张玉田，等. 学校教育评价 [M]. 北京：中央民族学院出版社，1987：103-104.

③ 冯刚，等. 高校思想政治教育工作质量评价研究 [M]. 北京：人民出版社，2020：123.

检核表就是把观察的事项分解为几种情况（注意分解要恰当），每次观察都要把每个学生情况分类记录下来（见表 2 - 1），这样从表上就可以看出每个学生属于哪种类型。

表 2 - 1　参加游戏情况的检核表

| 学生 | 情况 | | | | |
|------|------|------|------|------|------|
| | 自己玩 | 与他人玩 | 在他人引导下玩 | 带头玩游戏 | 玩游戏遵守规则 |
| 张三 | √ | √ | √ | | √√ |
| 李四 | √√ | | | √ | √ |
| 王五 | √√√ | | | √√ | |

此外，还可以用评定的方法记录。如记录学生上课注意力集中的时间情况：

（1）能较长时间注意；

（2）有时注意，有时不注意，且大部分时间注意；

（3）注意力一般；

（4）注意力较散漫；

（5）注意力非常散漫。

运用观察法进行评价需注意三个方面。

第一点是关于行动的时间和空间表现。一个人在不同时间和空间，对不同问题的态度是不同的。因此，在进行观察时，必须注意到这一点，否则可能会产生行为样本谬误。例如，一个人在课堂上表现积极并不能代表他在比赛时也同样积极。为了全面评价被评价对象，必须进行全面的观察。解决这个问题的办法就是要加强计划性，将观察点集中在一个特定的问题上。

第二点是提高观察者的观察能力。首先，需要乐意观察。尽管教师跟学生经常在一起，观察的机会很多，但如果教师不愿意观察，即使学生在教师面前有重要的表现，也可能会被忽视。因此乐意观察是非常重要的。其次，要善于观察。乐意观察是前提，但如果只有观察的愿望而没有观察的本领，也很难做到有效的观察。观察的本领不是天生的，需要依靠实践锻炼和加强理论修养来提高。实践锻炼就是在教育实践中不断总结经验教训，努力提高自己的观察力；理论修养就是学习教育学和心理学知识，知道用什么样的观点和从哪个角度去观察学生。

第三点是将自然观察和有选择的观察相结合。观察法的核心在于注重从学生自然表现的各种情况中获取有价值的评价信息。这种评价方法的适用范围广泛,尤其是适用于评价学生的学习兴趣、态度、习惯以及同情心和集体观念等。为了提高观察效果,应该将自然观察和有选择的观察结合起来。自然观察指的是观察学生在日常生活中的各种变化;而有选择的观察则是指针对学生的某一特定方面进行观察。如在劳动时,可以观察到学生的劳动习惯;在游戏时,可以观察到学生的合作精神。然而,自然观察往往难以深入,而有选择的观察又难以做到全面,只有将两者结合起来,才能收到较好的效果。

### 三、问卷调查法

问卷调查是通过将需要调查的问题具体化为经验式的问卷,将概念转化为可测量的变量和指标,从而进行调查研究的一种方法。例如,社会价值观可以被视为一个变量,而自由、平等、公正、法治则可以作为衡量社会价值观的指标。在进行问卷的设计时,需要将变量和指标按照不同的方式整理成表格。表格的设计可采用排列的方式,将某些活动、事件、问题等内容排列在表格中,请被调查者按照不同的标准进行评论和选择(见表2-2)。

表2-2 辅导员科研育人情况的调查表

| 陈　述 | 非常满意 | 比较满意 | 基本满意 | 不太满意 | 非常不满意 |
|---|---|---|---|---|---|
| 开展学术道德和学术规范教育情况 | | | | | |
| 学生崇尚科学精神、追求真理、追求新知情况 | | | | | |
| 学生学习习惯养成良好、创新意识培养情况 | | | | | |
| 学生主持和参与科研项目研究情况 | | | | | |

也可以采用规定答案的方式列表,表格的内容是对某项活动或某个问题的规定答案,让被调查者选择答案来表达自己的态度(见表2-3)。

表 2-3　你开展了哪些思想政治教育工作？

| | |
|---|---|
| 中华优秀传统文化教育（　） | 学术道德和学术规范教育（　） |
| 励志教育和感恩教育（　） | 革命文化教育（　） |
| 诚信教育和金融常识教育（　） | 心理健康教育（　） |
| 社会主义先进文化教育（　） | 网络思想政治教育（　） |
| 职业生涯和就业思想政治教育（　） | 学生日常行为文明、规范教育（　） |

还可以采用自由回答的方式列表，即对某项活动或某个问题的答案不作限制，让被调查者自由填写或回答（见表 2-4）。

表 2-4　辅导员管理育人工作的调查表

（填写管理工作的具体事件名称并进行评价）

| 评价 | 名称 | | | |
|---|---|---|---|---|
| 非常好 | | | | |
| 比较好 | | | | |
| 一般 | | | | |
| 不太好 | | | | |
| 非常不好 | | | | |

综合问卷可以包含多种问题、多种方式，用于评估辅导员开展大学生思想政治教育的质量。通过问卷调查可以搜集大量的数据材料进行综合汇总，并使用统计分析的方法进行数据处理，描绘学生思想的现状和变化趋势。然而由于学生在填写问卷时受到个人情绪、心理状态和对问卷的重视程度的影响，以及对问卷中问题的理解差异，答卷的可信度就可能受到影响，从而不能完全真实地反映学生的思想动态。因此，问卷调查法需要配合其他方法使用。

## 四、目标管理法

"目标管理法是确定思想政治教育所要达到的目标，然后对照这些目标来评价高校思想政治教育效果的方法。一经确定的目标，既是教育工作者和客观存在教育者努力的方向，又是对教育效果进行考核评价的依据。"① 辅导员开展大学生思想政治教育目标的设立是以党的教育方针所规定的总的培养目标为基础的。根据这个总目标，将党和国家对教育对象的基本要求具体化，并将这一目标分解为若干子目标，同时确定达到每个具体目标的数量指标。用这个具体化和数量化的目标体系来评估学校的思想政治教育效果，得出学校思想政治教育效果的评估结论。

目标管理法可将高校学生的思想政治教育效果转化为可量化评价的硬性任务和指标，这种结合定性与定量的评价方法为效果评估提供了便利。然而，如何科学、准确和具体地制定目标指标体系仍需进一步研究，因为目标确定的合理性直接关系到评价结论的正确性。虽然目标管理法提供了效果评价的一般性原则和方法，但具体指标体系的评价还需要借助更具体的数学统计方法来实现。为此，目标管理法应与其他方法如模糊数学方法等结合使用。

## 五、过程分析法

"过程分析法就是分析思想政治教育工作的过程，把思想政治工作的效果置于思想政治工作的过程中加以考查。思想政治教育总是借助于各种活动过程进行的，如组织学习与讨论，开展批评与表扬，作报告、上课、谈心等。教育的效果大多是在教育过程中形成的，没有教育过程，就谈不上教育效果，因此对活动过程进行分析评价，在数量上对教育过程进行统计，是十分必要的。"② 在测评辅导员开展的思想政治教育效果时，需要将其与测评思想政治教育的活动过程相结合，不能仅仅依靠效果评价来代替过程评价。我们要研究良好的活动过程对效果产生的积极作用，认识到二者之间的内在联系相辅相成，肯定那些有益的教育过程，以促进思想政治教育正效果的形成。当然，我们也应当明白教育过程并不等同于教育效果，活动开展得再好，如果没有产生预期的教育效果，那么这个过程也只是一部分而已。因此，我们还要注重从过程中寻找原因，思考如何改进教育方法，提高教育的

---

① 汪怡江，袁泉. 高校思想政治教育工作评价管见 [J]. 安徽教育学院学报（哲学社会科学版），1998（4）：74.

② 汪怡江，袁泉. 高校思想政治教育工作评价管见 [J]. 安徽教育学院学报（哲学社会科学版），1998（4）：74.

实效性。

　　在测评辅导员开展思想政治教育质量的过程中，必须将过程评价与效果评价相结合，避免将二者割裂开来或偏向任何一方。对于过程评价，首先要分析其是否具有科学性，是否遵循了思想政治教育的一般性原则，是否有利于促进正面的教育效果。其次，要审视教育过程中是否始终坚持了党和国家规定的教育目标，并将教育目标贯穿在整个教育过程之中。再次，要关注在思想政治教育过程中是否正确地运用了思想政治教育的相关方法。最后，要看思想政治教育过程是否采用了针对性强、形式灵活的教育途径。

　　在进行过程分析时，应具有联系的观点和长远的视角，不能仅凭一时的效果轻易下结论；要关注发展的趋势，而不能过分追求即时的效果；要辩证地看待教育过程，即使遇到挫折也不应轻易否定；要用联系的观点和比较的方法来观察教育前后的变化，不能简单地以现状为依据，要历史地评价教育过程，需要具备全局观念，考虑整个教育过程的全貌，而不能仅关注局部，忽视整体。

## 六、档案袋评价法

　　档案袋评价法是 20 世纪 80 年代起源于美国评价领域的一种具有影响力的质性评定方法。其核心内涵在于通过学生自己、教师及同伴收集并评价相关材料，以评价学生在能力发展上的进步情况。档案袋评价的突出意义在于，它为学生提供了一个学习机会，使学生能够判断自己的进步，激发自我评价的积极性。在档案袋评价中，学生是选择档案袋内容重要决策者，从而拥有判断自己学习质量和进步的机会。档案袋评价方法基于观念的转变，即对学生成就的评价是对其进步的连续考查，而不是对掌握内容范围的阶段性审计。高校思想政治教育工作致力于大学生的人格培育、德行养成、精神成长，由于无法用技术手段和精确的工具测量学生在人格、德行、精神等方面的成长程度,[①] 因此，可以说在一定程度上，其质量评价是"难以具体量化的"。而档案袋评价法恰好契合了辅导员思想政治教育工作的这一特性，在实践应用中展现出了明显的优势。首先，档案袋评价内容相当丰富，它可以持续、动态地记录学生在道德成长过程中的努力程度、态度等全方位的发展

---

　　① 冯刚，等 . 高校思想政治教育工作质量评价研究［M］. 北京：人民出版社，2020：125.

轨迹，真实反映学生的道德发展状况。其次，档案袋评价注重多元评价，评价主体从不同维度出发，全面、真实地描述学生的道德成长轨迹，形成以自我评价为主，教师、同伴共同参与的综合性、多元评价体系。再次，评价方式多样且灵活，它侧重于平时的表现和综合素质考核，通过真实记录、自我反思以及定性评价与定量评价的结合来进行评价。最后，档案袋评价过程具有开放性，它不仅关注结果，更重视学生的自主发展过程，可以追踪学生的道德成长过程，捕捉他们在生活情境中的真实表现、努力程度、道德冲突、内省反思等信息表征因子，是一种发展性评价方式。然而，档案袋评价法也存在一定的不足。例如，由于档案袋记录的动态性和资料的多元性，导致工作量较大，评价参与者负担过重。此外，受档案袋评价内容多元性以及教师对档案袋管理的有限性两方面影响，档案袋的内容与评价目标的契合程度可能较差，从而会影响评价的效度。因此，与其他评价方法一样，档案袋评价法并非万能的解决方案，在实际应用中也需要了解其潜在的局限性。

目前，部分高校已经利用网络技术构建了具有自身特色的档案资源体系，成为学生评价的重要依据。该档案袋资源体系主要包括以下三种：一是诚信档案或学生德育评价、操行评语等具体内容，包括学生个人基本情况信息表、学习诚信评价等，主要反映大学生在上课、考试、学术研究、图书资料借阅等学习实践活动中相关情况的诚信评价。这些素材成为高校开展学生评价工作的重要参考依据。二是经济生活诚信评价。三是择业诚信评价。此外，还建立学生诚信档案、学生社团档案、学生心理档案，并记录了学生参加公益活动的情况以及获奖情况等。这些档案体系的建立，是档案袋评价法在辅导员思想政治教育工作质量评价中的典型应用。

## 第三节　高校辅导员开展思想政治教育质量测评模式

在《现代汉语辞海》中，"模"作为名词，是标准、规范的意思；"模式"是格式、样式之意。① 在《现代汉语词典》中，"模式"的解释是："某

---

① 现代汉语辞海编委会. 现代汉语辞海［M］. 北京：光明日报出版社，2002：794.

种事物的标准形式或使人可以照着做的标准样式。"① 一般来说，模式是对现实的再现和抽象概括，来源于实践，而不是凭空设想出来的；模式是一种简化的理论形式，是理论的具体化，而不是简单的方案、计划或方法；模式为实践的人们提供结构方式和运行程序，具有可模仿性。测评模式是科学理论模型的一种，它代表着某一种评价理论或系统，并以模型的形式将这种理论或系统的实质性内容呈现出来。因此，测评模式的研究对相应测评实践活动有直接的推进和指导作用。

## 一、高校思想政治教育工作质量评价的模式

高校思想政治教育工作具有丰富的工作内涵，涵盖了人才培养的众多方面，对思想政治教育工作质量的评价是一个多元综合的命题，其中涉及评价对象众多、评价主体多元等相关方面。从根本上来说，对高校思想政治教育工作质量的评价归属于教育评价范畴。作为一种管理活动，必须有一整套科学合理的评价体系，整套规范、稳定、配套的制度体系，以及推动制度正常运行的组织甚至是法律，而一整套的科学合理的评价体系往往表现为模式，是既有理论性又具有可操作性的行为范式。以教育评价为基础，高校思想政治教育工作质量评价模式主要有以下几种模式：

### （一）目标达成模式

目标达成模式，其代表人物是泰勒，是围绕目标达成而建构的一种评价模式。它把教育方案、计划的目标用学生的特殊成就来表示，并把这一行为目标当作教育过程和教育评价的主要依据。预定的目标决定了教育活动，同时也规定了评价就是找出实际活动偏离目标的程度，从而通过信息的反馈，促进实际工作能够尽可能地逼近目标。该模式包括以下七个步骤：

（1）建立目的和目标；

（2）把目标分成较细的类目；

（3）以行为名词表述目标，这一步还包括界定和修订所使用的行为名词；

（4）确定能表现目标达成程度的具体场景；

---

① 中国社会科学院语言研究所词典编辑室 . 现代汉语词典［M］. 7 版. 北京：商务印书馆，2016：919.

（5）选择和发展评价所使用的测量技术；

（6）搜集有关学生表现的资料；

（7）将搜集到的资料与行为目标进行比较。①

目标达成模式是为了实现一定的教育目标的模式，教育评价就是判断实际活动达到目标的程度。它通过对目标的行为化表述，增加了目标的可操作性，评价者可以清晰而准确地判断目标达成的情况。另外，目标达成模式并不像人们批评的那样，只是一个终极的过程，只用作判断某一学程的情况。事实上，泰勒认为，评价是一个持续而循环的过程，评价所得的资料可以反馈到课程设计过程中去，作为重新界定目标、改善学习经验的选择和组织、提高教学效果的依据。但是，正如泰勒曾经指出过的，目标达成模式有一个最大的弱点，那就是只围于目标进行评价，这会导致对目标以外的结果的忽视，而行为化的评价方式，也使得对态度的形成等更具有教育意义的结果无法评价。因此，目标取向几乎成了所有后人批判的靶子，有人干脆提出目标游离评价。对此，我们当然只能用历史的眼光来看待。目标达成理论是与系统分析法最为接近的理论，由于它结构紧凑，因而在过去很长时间内在教育评价理论中占有重要的地位。

## （二）CIPP 模式

CIPP（Context，Input，Process，Product）模式也称作决策类型模式。CIPP 模式是由美国学者斯塔夫比姆在 1967 年提出的，其基本的观点是：评价最重要的目的不是证明，而是改进。该模式是由背景评价、输入评价、过程评价、成果评价四种评价组成。此模式着重于过程评价，以信息的输入和处理作为评价的核心环节。第一，在背景评价阶段，背景评价旨在根据社会需要和评价对象的需求对教育目标本身进行价值判断。这涉及确定教育计划实施机构的背景；明确评价对象及其需求；识别满足这些需要的机会；诊断基本问题；以及判断目标是否充分反映了这些需要。背景评价强调应基于评价对象的需要对教育目标进行判断，以确定两者是否一致。第二，在输入评价阶段，对达到目标所需且可能获得的条件进行评价。这本质上是

---

① 张华. 课程与教学论［M］. 上海：上海教育出版社，2001：407.

一种方案可行性评价，涉及对资源、环境和其他条件的评估。第三，过程评价阶段对方案实施情况进行持续检查。这涉及对是否按计划实施方案、是否有效利用现有资源等进行评价。例如，通过描述实际过程来确定或预测教育设计本身或实施过程中存在的问题，从而为决策者提供如何修正教育计划的有效信息。第四，在成果评价阶段，需要收集与结果相关的各种描述和判断，并将它们与目标以及背景、输入和过程方面的信息结合起来，并对这些信息的价值和优点进行解释和评估。这个阶段涉及对教育计划成果的测量、解释和评判。

在高校思想政治教育质量评价实践中，基于 CIPP 模式，可对大学生社会实践育人成效的评价体系进行研究，亦可将其应用于高校爱国主义教育课程的质量评价体系构建中。基于 CIPP 模式的四个过程，可按照背景评价、输入评价、过程评价、成果评价 4 个一级指标及课程目标制定、机构设置、人员配置等二级指标构建高校爱国主义教育课程质量评价指标体系，选择相适应的评价方法，如表 2 - 5 所示。

表 2 - 5　基于 CIPP 模式的民办高职院校爱国主义教育课程评价模式构建

| 阶段 | 目标 | 内容 | 评价要点 | 评价方法 |
|---|---|---|---|---|
| 背景评价 | 对课程目标进行诊断性评价 | 课程目标以国防教育为主线，以军事理论教学为重点，通过军事课教学，使学生掌握基本军事理论与军事技能，具有爱国主义与集体主义精神，强化国家安全意识，提高国防素养，为中国人民解放军训练储备合格后备兵员和培养预备役军官打下坚实基础 | 回答本校军事课程总目标和具体目标是否符合本校实际；课程计划是否符合实际等 | 文献研究法、访谈法、问卷调查法、专家咨询法 |
| 输入评价 | 对课程方案实施的可能性进行评价 | 基于背景评价，对实现课程目标所需要的设施条件、人员配备、组织机构、规章制度等进行评价 | 回答保障条件是否能够满足需要 | 观察法、文献法、问卷调查法、专家咨询法 |

（续表）

| 阶段 | 目标 | 内容 | 评价要点 | 评价方法 |
|---|---|---|---|---|
| 过程评价 | 对教学过程进行不间断地监督、检查和反馈 | 将课程实施过程中的信息进行详细记录并进行及时反馈，以便对课程方案进行调整 | 关注课程实施，对教师在教学方法、教学内容和态度方面是否体现出课程特色进行评价 | 跟踪听课、现场观摩、问卷调查、访谈法 |
| 成果评价 | 对课程效果所达到的目标和预期效果进行评价 | 总结课程信息，为新的课程教学方案的设计提供决策依据 | 教学组织效果的实现程度；资源利用的程度；学生学习收获；课程目标达成 | 问卷调查测评 |

以 CIPP 模式为基础搭建的爱国主义教育课程质量评价体系将评价分为四个紧密相连的环节，各环节之间紧密对接，勾勒出高校爱国主义教育课程的质量全貌，避免了终结式、"一刀切"的片面性评价，有益于全程性评价的实现。①

**（三）绩效模式**

绩效模式强调构建理想化目标，以绩效评估为主要方式，对高等学校整体办学进行绩效评价。该模式可分为以下几种类型：

基于综合多指标的评价方法——大学排名。大学排名系统使用预设权重对一套特定指标进行加权平均，根据分数对一定范围内的大学进行排序。然而，这种方法存在明显的不足，例如缺乏设计指标体系的依据，缺乏对指标数量的控制研究，以及主观赋权等。目前，具有重要影响力的大学排名包括上海软科的世界大学学术排名、英国泰晤士高等教育世界大学排名、美国

---

① 冯刚，等.高校思想政治教育工作质量评价研究［M］.北京：人民出版社，2020：115-116.

U. S. News 的世界大学排名以及英国 QS 的世界大学排名。每个独特的指标体系都对各项指标分配了预设权重。

　　基于平衡记分卡的绩效评价方法。平衡记分卡是由哈佛商学院的罗伯特·卡普兰和诺朗诺顿研究所所长戴维·诺顿于 20 世纪 90 年代提出的，是其所从事的"未来组织绩效衡量方法"研究中形成的一种绩效评价体系。平衡记分卡打破了单一使用财务指标衡量组织业绩的传统，在财务指标的基础上加入了相关驱动因素，即客户因素、内部业务流程和员工学习与成长，在集团战略规划与管理实施方面发挥着举足轻重的作用。我国高等教育领域对该类方法尚在讨论阶段，实际应用案例不多。①

　　基于数据包络分析的高校绩效评价方法。这是一种典型的非参数评价方法。数据包络分析模型广泛用于各类教育机构的绩效评价与分析，其主要通过投入指标和产出指标的模糊对比与计算，比较投入与产出差值，从而得到评价结果。在一些客观性较强的指标上，如师资队伍、建筑面积、图书设施、教育经费支出、生活设施等，该方法表现出较强的应用性，但对于思想政治教育工作强调的"道德发展""学生获得"等，其应用性表现不尽如人意。

　　基于标杆管理的高校绩效评价方法。标杆管理源自"Benchmark"，可以被理解为衡量事物与参考点或基准点之间的差距。这涉及辅导员与标杆院校辅导员在各类指标上的比较与差异。标杆管理主要包含三个步骤：优化标杆管理主体、建立标杆管理联盟以实现资源共享、采取适合辅导员自身特点和工作的不同模式。其中，选定标杆辅导员是标杆管理中的重要步骤。涉及以学校建设和学生管理工作的长远目标为战略标杆，关注关键环节并梳理典范的流程型标杆，以及通过树立标杆以明确最终工作目标、创造更好业绩水平的操作性标杆。② 尽管标杆管理在高校思想政治教育工作质量评价中的应用尚不广泛，但这种方法对于院校发现自身不足、找到改进方向、明确追赶目标具有很大益处，值得推广。

　　"绩效模式"的目标通常由高校思想政治教育工作的上级管理部门制定，

---

　　①　冯刚，等 . 高校思想政治教育工作质量评价研究［M］. 北京：人民出版社，2020：116-117.

　　②　顾杰 . 高校学生工作标杆管理的应用研究［J］. 新课程，2014（10）：13.

其效果主要由上级管理部门进行评估。该模式具有较强的导向性，重视效率，关注结果。在高校思想政治教育工作目标制定后，工作完成的质量与效果在评价结果中清晰可见。然而，由于该模式主要关注结果，无法有效地反映高校思想政治教育工作的进程，评价结果难以体现整体的高校思想政治教育工作，缺乏系统性。同时，构建绩效评价组织需要专业机构的参与并在此扮演重要角色，但在实际的评价过程中，专业评价机构的参与空间较小，能力范围有限，这也阻碍了该模式的推广。

**（四）差别模式**

差别模式是由普罗沃斯于 1969 年提出的，旨在比较课程表现与设计标准之间的差异，作为课程改进的依据。这个评价模式以课程开发和管理为目标，分为四个部分和五个阶段。

四个部分包括：（1）确定课程标准，即课程设计方案的特征，包括预期的课程目标、实现目标所需的人员、中介、设备以及实现目标师生需要从事的活动；（2）确定课程表现；（3）对标准与表现进行比较；（4）确定差别是否存在。

评价的五个阶段分别是：（1）设计阶段，确定及详述上述课程标准；（2）装置评价阶段，评价具体课程计划内的各种资源分配与上述设计之间是否存在差别；（3）过程评价阶段，检讨课程实施过程中的各种活动是否与标准存在差别；（4）成果评价阶段，评价课程的活动结果是否与预定标准存在差别；（5）成本效益评价阶段，从整体上评价该课程设计与其他类似设计在效益上的异同。

上述五个阶段中，依据评价的结果，评价人员在每一个阶段都可作出下述决定中的一种决定：（1）进行下一阶段的工作；（2）重复原先阶段的工作，直到标准与表现间没有差别；（3）回到第一阶段的工作；（4）终止整个课程设计工作。①

差别模式在目标管理的技术层面上有所提升，但显然，这种极强的技术倾向也导致评价失去了主动性和灵活性。

**（五）项目模式**

项目模式利用计划行为理论，将高校思想政治教育工作质量评价从细分

---

① 张华 . 课程与教学论［M］. 上海：上海教育出版社，2001：408-409.

的项目着手，如辅导员队伍建设、大学生理想信念教育等，将这些项目分解为五个要素：态度、主观规范、自觉行为控制、行为意向和行为，并制定相应的要素标准。①

案例②：对高校辅导员队伍建设的质量评价，可分为以下几类要素与评价标准，如表2-6所示。

表2-6　要素与评价标准表

| 一级指标 | 二级指标 |
|---|---|
| 工作胜任力 | 工作理念 |
| | 工作能力 |
| | 工作态度 |
| | 工作作风 |
| 日常管理 | 班级管理 |
| | 学风建设 |
| | 公寓文化 |
| | 校园活动 |
| | 突发事件 |
| 思想政治教育 | 党团工作 |
| | 思想政治教育/活动 |
| | 咨询服务 |
| 工作业绩 | 班级学习成绩 |
| | 个人奖励 |
| 创新创业教育 | 就业工作统计 |
| | 创新创业教育活动 |
| 其他 | 各职能部门协调工作 |

---

① 曹威威.高校思想政治教育工作质量评价模式构建研究 [J]. 思想教育研究，2018（9）：98.

② 冯刚，等.高校思想政治教育工作质量评价研究 [M]. 北京：人民出版社，2020：119.

"项目模式"结合了"过程模式"和"绩效模式"的优点，具有健全的标准，能够全面地展现高校辅导员开展思想政治教育工作的质量。然而，尽管这种评价模式在评估具体工作方面表现良好，但它难以整体把握高校辅导员开展思想政治教育工作的质量。同时，要素标准的制定会对该模式产生极大的影响，一旦出现问题，评价模式的有效性将难以保证。

### （六）诊断评价模式

这一模式以问题为导向，重在设定标准，以便及时发现问题，主要应用于课程方案的评价之中。随着评价技术和理念的发展，其应用范围也愈加广泛，旨在为课程方案的改进提供认识和理解依据，并明确课程方案与变化着的条件之间的关系，使评价研究结果适用于不同的情境和问题。该模式的主要特点为采用系统分析方法研究所有可能影响教育效果的因素（心理、社会、环境）及其内在关系，以及教育方面的种种变量，以便根据条件的变化及时变革课程方案。在高校思想政治教育工作质量评价中，该模式的应用目标在于发现高校思想政治教育工作中存在的问题。通过问题诊断将结果呈现给相关决策者，以提高思想政治教育工作决策的科学性。

### （七）对手模式

这一模式旨在通过准法律过程评委会审议形式，揭示方案的利弊得失，并重视听取教育方案和教育活动的争议意见，尤其是反对的意见。这种评价模式的特点在于充分反映各方面的信息。一般来说，这种评价方式基于人们的直觉和经验，能够充分体现各类人员的多元价值观念。

此外，现代教育评价理论还包括其他一些方法，本书不再进一步介绍。但是可以看出，教育评价理论的发展前景是十分乐观的。

## 二、高校辅导员开展思想政治教育质量测评模式及特性

### （一）高校辅导员开展思想政治教育质量测评模式的含义

高校辅导员开展思想政治教育质量测评是根据一定的标准或原则，运用有效的测评技术和手段，对辅导员开展思想政治教育工作的过程和结果进行测量、分析，并给予价值判断的过程。随着辅导员开展思想政治教育质量测

评理论研究的发展和实践的探索，辅导员开展思想政治教育质量测评模式的研究也开始进入人们的视野。这是以一种系统化、整体化的观点来看待辅导员开展思想政治教育质量测评问题，并在不同测评模式之间进行比较与综合，试图揭示不同模式彼此异同的根本所在，也为开发新的测评模式提供依据。

关于辅导员开展思想政治教育质量测评模式概念的含义，学术界尚没有统一的看法。由于人们看问题所站的角度不同，或者是人们思维的方式方法的不同，抑或是辅导员开展思想政治教育质量测评模式本身的不成熟，因而对此概念的理解各不相同。有的从功能与作用的视角，认为测评模式是实施评价的范型或式样；有的从内容方面来看，认为测评模式指的是测评的基本思想和理论结构；有的从方法上来理解，认为测评模式属于方法范畴，主要是提供一种操作性工具；还有的从理论结构上来分析，提出测评模式是由测评的理论观点、结构、功能、过程等所构成的一种测评体系；有的从整体来考虑，提出测评模式是测评人员或研究工作者依据某种思想政治教育理念或特定的测评目的，选取一种或几种测评途径所建立起来的相对完整的测评体系，它对测评的实施作了基本的说明。

以上这些主要是从概念的外延上来进行解读，一定程度上或从某一个侧面反映了测评模式的重要内容，对测评模式所涉及的某些要素进行了抽象的描述，但严格来说，还没有揭示出测评模式的本质特征。笔者以为，要揭示某一概念的含义，除了一般地把握概念的外延外，尤其要考察概念的内涵结构，从概念的本质特征上去诠释其内在的要义。就测评模式而言，重点要把握以下三个方面：

其一，测评模式应反映测评系统的基本结构。测评系统是由测评价值观、测评标准（指标）体系、组织结构、实施程序、基本方法技术以及结果反馈等构成的有机系统。测评模式要在揭示构成评价系统各要素本身的特性，以及各要素之间的相互依存、相互协调、相互作用的关系的基础上，深刻阐述测评系统结构的性质、特征和运行状态，从而为实施测评提供理论与思想上的指导。

其二,测评模式的构建,关键是要抓住测评系统的本质属性。如前所述,由于测评模式具有再现性、简约性与可模仿性的特点,因此,只有寻求构成测评系统的最基本的结构要素,考察各要素的性状特征及其内在联系,并明确各基本要素在整个评价系统中的地位,才能既使测评模式再现测评实践与结构特点,又做到使测评理论具体化和程序化,从而具有可模仿性。

其三,测评模式还必须揭示测评的基本规律。测评模式整体上反映了测评思想,实现了测评理论的指导原则及策略思想的统一,使测评方法更具科学性与实效性。测评模式直观地表述了测评过程,即通过测评模式把复杂的测评过程(包括测评的性质与目的、内容与结构等)呈现出来,使人们容易把握测评过程的基本思想和内容。测评模式以高度抽象、简约的形式概括了测评的基本理论,实现了测评原理、原则与具体实践环节的相互沟通和转化,也有助于人们对测评规律的理解和掌握。

据此,可以这样来界定测评模式的概念:它是针对测评系统结构的质的规定性而言的,是把最能代表测评系统结构特征及其运动状态的要素进行有机融合而构成的,是充分揭示测评基本规律的一种框架模型或范式。

**(二)高校辅导员开展思想政治教育质量测评模式的特性**

测评模式的形成、构建过程,其概念的内涵与外延以及它的适应范围和理论的指导价值,内在地规定了其自身的特性。

一是实践制约性。这是从测评模式形成、构建过程而言的。测评模式既然是测评实践和研究的产物,就必然要受到实践的制约。在测评实践中,评价系统的结构状态和运行机制的充分显现,为人们研究和概括测评模式提供了全面、客观、真实的信息资料。也就是说,测评实践为测评模式的产生提供了研究的原型,测评模式只是对测评实践原型的抽象概括而形成的一种理性映象。如果说原型是客观事物的一种存在形式,那么映象则是在对原型进行研究的基础上关于客观事物的抽象化映射。因此,一方面,测评模式必然要受到实践原型的制约,它可以对实践原型进行理性升华,但绝不可能脱离原型,而必须具备原型的质的规定性。另一方面,由于测评实践活动的丰富性,必然呈现出各种不同的测评模式的原型。即测评模式不可能是单一的。

不仅在形式上、数量上是多种多样，而且本身还是不断发展着的，也呈现出多样性。与此同时，测评模式绝不是测评实践原型的简单模拟或仿造，它是关于原型的一种理性形态；它源于原型，但其性质特征和产生的影响要超越原型；它不拘泥于某一类或多个原型的低层次的性状，不束缚于某几种原型的非本质属性，而能集中和综合反映原型的主要特质，在反复实践、提炼和不断深化的过程中逐步形成一种框架模型，从而在更广阔的范围内具有更普遍的意义。

二是结构直观性。这是从测评模式的内容来说的。由于测评模式是由最能代表测评实践原型本质特征的主要要素有机构成的，因此它具有显著的直观性。如，肖鸣政在《品德测评的理论与方法》一书中所概括的行为测评模式，包括总体印象评价、评语鉴定评价、写实评价、操行加减评分评价等多种形式，它们共同的特征是从人的行为表现来把握人的品德。具体地说，评价的内容主要是人的行为，评价的方法主要是凭印象、考察操行、写实等。而如果从品德评价结果获得的结论来概括，则可以分成定性型、定量型和二者结合型等三种模式，其中总体印象评价法、评语鉴定评价法、写实评价法是定性型模式的主要方法；认知评价法、操行加减评分评价法等是定量型模式的主要方法；等等。这样就把本来比较复杂的评价过程，通过几个最基本的要素及其相应的关系直观、鲜明地呈现出来，既使人们易于理解测评模式的理论内涵，又易于把握测评过程的基本特征。

三是对象适应性。如前所述，不同领域、不同类型、不同性质的测评实践原型，在某种程度上决定着不同种类的测评模式。相反，任何一种测评模式也不可能适用于不同领域、不同类型、不同性质的测评实践活动。简而言之，一种测评模式只适用于一定的测评对象。

应当注意的是，测评模式与测评方案是既有联系又有区别的两个概念。二者的联系在于它们都是测评实践与研究的产物：测评模式是关于测评实践的抽象概括而形成的框架模型，测评方案则是关于测评实践活动的具体的完整的表述。另外，测评方案是在测评模式的理论指导下制定出来的，它是开展测评实践的纲领性文件；测评模式是抽象的测评理论，它对测评实践活动的指导和控制，只有以测评方案为中介才能得以实现。因此，要将测评模式的提出和科学原理应用于测评实践，还必须按照严格的程序和科学的方法研究制定切实有效的测评方案，做好理论与应用之间的转化工作。二者的区别在于：测评方案是关于具体的测评目的、测评对象、测评内容以及测评的组织机构、测评方法与技术等的总体设计，是具体的测评实践活动的指导性文件。而测评模式，则是对相关测评方案的抽象，因而具有较大的通用性。一种测评模式对具备相同或相似条件的测评活动具有指导作用；而测评方案则带有极强的现实针对性，它只适用于特定的测评活动。

**第三章**
# 高校辅导员开展思想政治教育质量测评的模型构建

　　高校辅导员开展大学生思想政治教育质量测评是大学生思想政治教育工作的重要组成部分，是高校育人工作的一个有效手段和重要环节。为了保证思想政治教育的有效开展，需要构建一套科学的指标体系和测评方案。因此，本章在相关理论研究的基础上，将从科研育人、实践育人等"九大"育人方面构建辅导员开展大学生思想政治教育质量的测评指标体系，并以因子分析法和层次分析法相结合对辅导员开展大学生思想政治教育质量进行综合评价，为辅导员开展大学生思想政治教育的评价改革提供有益的评价思路、评价模型和评价方法。

## 第一节　高校辅导员开展思想政治教育
## 质量测评指标体系的构建

　　测评指标是进行评价的基本工具，测评指标的选取是否合理直接决定着测评结果科学与否。因此在进行评价前需要确定测评指标体系。本节从指标体系的内涵、指标体系构建原则和"九大"育人指标等方面进行详细介绍。

### 一、指标体系的内涵

　　指标体系是评价某一领域或某种活动效果的重要依据，可以帮助管理者进行科学、客观的决策和评价。以下是从指标体系的概念、指标体系的分类、指标体系各类指标的权重三个方面来解释指标体系的内涵。

## （一）指标体系的概念

指标体系是指为了达成某一具体目标而建立的一系列关键绩效指标的集合，通常也叫关键绩效指标体系。高校辅导员开展大学生思想政治教育质量测评指标体系就是一个用于衡量和评价辅导员工作实际效果以及成果的标准和体系。该指标体系包含了多个层面以及要素，旨在全面、准确地反映高校辅导员思想政治教育工作的质量以及水平，以便及时地发现并解决存在的问题，并在此基础上，持续提升教育质量，实现高等教育院校生全面发展以及实现教育目标的最终目的。同时，该指标体系需要不断完善以及调整，以适应社会和高等教育院校生对高等教育院校教育质量要求的不断提升以及变化趋势，是理论研究能够应用于实践工作的关键。

## （二）指标体系的分类

测评指标体系是由多项相互联系、相互作用的测评指标按照一定层次结构组成的有机整体。高校辅导员思想政治教育的质量评价指标体系可以根据不同的视域以及要素进行分类，以反映教育质量的多个方面以及层面。

首先，从教育目标以及职责出发，高校辅导员思想政治教育的质量评价指标体系可以分为基础性、进阶性以及个性化三个方面。其中，基础性包括相关的基本教育知识、基本的学术素养、基本的社会技能等；进阶性则包括更具有前瞻性和探索性的学术以及社会问题、专业知识以及技能等；个性化则是指教育历程中对个人特质的个性化培养，如创新创业、领导力、人际沟通能力等。

其次，从教育历程出发，高校辅导员思想政治教育的质量评价指标体系可以分为教育历程以及教育效果两个方面。其中，教育历程主要是指教育设置、教育内容、教育设计、教育方法等方面，通过对这些方面的评价，可以了解到教育的质量以及难易程度；教育效果则主要是指高等教育院校生的学习成果、综合素质以及专业能力等方面，通过对这些方面的评价，可以了解到教育的实际成果以及效果。

此外，从高等教育院校生需求以及社会需求两个视域出发，高校辅导员思想政治教育的质量评价指标体系也可以分为不同的方向。从高等教育院校生需求出发，可以将指标体系分为高等教育院校生满意度、高等教育院校生学习效果、高等教育院校生身心健康、高等教育院校生职业发展等方面；从社会需求出发，可以将指标体系分为高等教育院校贡献度、社会责任感、专业素质等方面，以反映高校辅导员思想政治教育工作对社会和国家的贡献以及责任。①

**（三）指标体系各类指标的权重**

指标权重是指研究对象的各个考察指标相对重要程度和相对价值的大小以及在总体评价系统中所占比重的量化值。在任何对指标测评或群体测评系统中，若各测评指标之间对决策目标的重要程度变化，则测评结果也随之改变，合理地分配指标权重是任何测评系统都无法回避的重要环节。

高校辅导员开展思想政治教育的质量测评指标体系包括多个指标，不同指标的重要程度不同。基于此，需要通过对指标体系的权重进行调整，来反映不同指标对教育质量的重要程度。下面是对指标体系各类指标的权重的分类说明。

1. 基础性指标的权重

基础性指标是反映基本教育知识、学术素养以及社会技能等方面的指标，是构建高校辅导员思想政治教育质量体系的首要环节。这些指标的权重的分配应考虑到基础知识与技能的重要性，一般占教育质量指标体系的25%左右。

2. 进阶性指标的权重

进阶性指标是反映当代学术前沿以及社会问题等方面的指标，包括专业知识、探索性问题、创新性问题等，对教育的质量以及水平有至关重要的作用。基于此，这些指标的权重需要合理分配。进阶性指标权重较高的状况下，能够更好地适应当下复杂多变的社会环境，然而假设权重过高，则会影响到教育质量的平衡性以及主流性。一般进阶性指标占教育质量指标体系的15%左右。

3. 个性化指标的权重

个性化指标是反映个人特质的指标，如创新创业、领导力、人际沟通能力等。这些指标的赋予权重应当适度，尤其需要结合教育目标进行评价。适

---

① 温晓年，余维法．高校辅导员网络话语能力的内涵、构成、价值表达及提升策略［J］．黑龙江高教研究，2021，39（6）：125－129．

当重视个性化指标，可以增强高校辅导员思想政治教育的针对性，然而也需要注意不能过度强调此类指标。个性化指标占教育质量指标体系的15％左右。

4. 教育历程指标的权重

教育历程指标对教育质量的影响非常大，而且也是与实际操作密切联系的。基于此，需要重视教育历程指标所占的权重，一般而言，教育历程指标占教育质量指标体系的25％左右。

5. 教育效果指标的权重

教育效果是指教育质量形成的实质，是评价教育质量的重要依据之一。评估高校辅导员思想政治教育质量的教育效果指标所占权重一般不少于20％。其具体指标包括高等教育院校生的学习成绩、学习兴趣、综合素质以及专业能力等方面的表现。通过对这些指标的评估，可以反映出教育的实际成果以及效果，从而提升教育的质量以及水平。

总体而言，高校辅导员开展思想政治教育质量测评指标体系的各项指标，应当根据教育的实际目标以及具体状况进行合理的分配与权重调整，从而更好地反映出各项指标的实际价值以及作用。

## 二、指标构建原则

教育评价原则就是人们对教育评价规律的认识。为了建立可行的辅导员开展思想政治教育的质量测评指标体系，需要遵循以下原则。

### （一）科学性和导向性原则

辅导员开展思想政治教育质量测评就是依据"立德树人"的培养目标和教育理念，对辅导员开展的思想教育活动及其效果的评定和价值判断。因此，测评目的和目标的科学设定对于整个测评活动具有重要的指导意义。大学生思想政治教育质量的评价指标体系一定要建立在科学的基础上，指标概念具有科学性。测评更要发挥诊断、改进、激励和促进学生发展的功能，因此评价指标体系需具有一定导向性。

### （二）全面性和层次性原则

教育是一个系统工程，它的效果是综合多种因素形成的。如果过分地强调了某一因素就会导致系统失去平衡，教育事业就会遭受损失，所以辅导员开展思想政治教育的质量测评中必须强调全面性原则；同时又要注意辅导员开展思想政治教育的质量测评指标体系是一个复杂的体系，应分为多个层次，要避免指标之间的重叠性，注重层次性、同级指标之间的互斥性，因此应追求评价指标体系的总体最优或满意。

**（三）针对性和可操作性原则**

"思想政治工作的效果，从质和量两个方面分析，才能有效地评价学校思想政治工作的效果。"[①] 辅导员开展思想政治教育质量虽比较抽象，但可从辅导员开展思想政治教育的工作量和工作取得成效上设立具有针对性、可测性、可操作性的测评标准和指标体系，保证测评准确反映思想政治教育的效果和培养目标。

总之，通过对这些方面的综合考量，可以保证测评指标的可操作性和结果的可靠性，从而为决策制定和实践应用提供有力的支持。

## 三、"九大"育人指标

根据全国高校思想政治工作会议精神，以及《高校思想政治工作质量提升工程实施纲要》《普通高等学校辅导员队伍建设规定》等文件，从科研育人、实践育人、文化育人、网络育人、心理育人、管理育人、服务育人、资助育人、组织育人等方面构建指标。

**（一）科研育人指标**

高校作为培养未来人才的重要场所，除了注重学生的思想道德素质培养，更需要在学术研究上不断探索创新。因此，在辅导员思想政治教育测评中，科研育人指标所占比重尤为重要。可以从以下几个方面进行科研育人指标的构建：（1）科研成果数量指标。辅导员科研成果是评估其科研能力的直接体现。指标可包括科研项目和成果数量等量化指标，评估辅导员在科研方面的投入情况以及其科研贡献。（2）科研项目质量指标。除了数量指标外，科研项目质量同样需要得到重视。指标可包括科研项目的水平和难度等，评

---

① ROSLI M，ARIFFIN M，SAPUAN S，et al. Integrated AHP-TRIZ innovation method for automotive door panel design［J］. International journal of engineering and technology，2013，5（3）：3158-3167.

估辅导员的科研能力和专业水平。（3）科研团队建设指标。建设科研团队可以让辅导员更好地参与科研工作，同时也可以提高科研水平和成果。指标可包括科研团队数量和质量，以及团队科研成果等。（4）学术交流活动指标。学术交流活动是提高辅导员科研能力的重要途径。指标可包括参加学术会议和论文发表等情况，评估辅导员学术交流的广泛性和频率，以及交流成果和质量。（5）学术道德与科研参与指标。学生的学术道德与科研参与是科研育人的重要指标，该指标主要包括辅导员开展学术道德和学术规范教育情况、学生主持和参与科研项目研究情况等。（6）科研成果转化指标。科研成果的转化也是科研工作的重要方面。指标可包括转化成果的数量以及转化的程度，评估辅导员科研成果对产业和社会的贡献。

以上就是高校辅导员思想政治教育测评中科研育人所需要考虑的指标。这些指标涵盖了辅导员在科研工作中的全面表现，也为评估其科研能力提供了一定的量化依据。当然，在具体测评中，也需要考虑指标之间的相互联系和权衡，为提高辅导员思想政治工作质量提供有力保障。

**（二）实践育人指标**

在高校辅导员开展思想政治教育过程中，实践教育是不可或缺的一个环节。辅导员在实践育人方面的能力和贡献，也应成为思想政治教育工作测评中的重要指标之一。可以从以下几个方面进行实践育人指标的构建：（1）社会实践活动指标。社会实践是实践育人的重要途径之一，可以帮助学生了解社会现实和发展动态，增强他们的实践能力和社会责任感。指标可包括参加社会实践活动的数量和质量，以及活动对学生的教育效果。（2）创新创业活动指标。创新创业是培养学生创新精神和实践能力的重要途径。指标可包括参与创新创业活动的数量和质量，以及活动对学生的实践能力和创新精神的促进效果。（3）就业实践活动指标。就业实践是帮助学生进入社会、适应社会并顺利就业的重要途径。指标可包括开展就业实践活动的情况，以及活动对学生就业能力的促进效果。（4）教育实践活动指标。教育实践是帮助学生掌握实践技能和育人目的有机结合的重要途径。指标可包括教育实践活动的数量和质量，以及活动对学生实践技能和教育成果的促进效果。（5）实验实践活动指标。实验实践是培养学生实践能力、分析问题和解决问题能力的重要途径。指标可包括实验实践活动的数量和质量，以及活动对学生实践能力和问题解决能力的促进效果。（6）文化艺术实践活动指标。文化艺术实践是培养学生审美能力和人文素质的重要途径。指标可包括文化艺术实践活动的数量和质量，以及活动对学生审美能力和人文素质的促进效果。①

以上就是高校辅导员思想政治教育测评中实践育人所需要考虑的指标。这些指标涵盖了辅导员在实践教育工作中的表现和成果，也为评估其实践能力与贡献提供了一定的量化依据。当然，在具体测评中，也需要考虑和权衡指标之间的相互联系，以及对实践教育工作的各个方面进行全面评估，为提高辅导员思想政治工作质量提供有力保障。

**（三）文化育人指标**

高校辅导员的思想政治教育工作不仅仅要关注学生的生活和实践经验，更要引导学生接触不同形式和类型的文化艺术活动，提高学生的人文素养，提升他们的精神风貌，进一步提高他们的思想品德和综合素质。因此，文化育人也成为辅导员工作中不可或缺的组成部分，其测评指标也应得到充分重视。可以从以下几个方面进行文化育人指标的构建：（1）文化活动组织指标。提供多种类型、形式的文化活动是形成良好文化氛围、提升学生人文素养的重要途径。可以通过观影讲座、创意手工、辩论比赛等多种形式举办文化活动。测评指标应包括开展文化活动的数量、质量评价和活动对于学生人文素养提升的效果。（2）文化墙制作与宣传指标。文化墙以多样的载体方式直观地展示大学精神、校园文化，对于加强学生对大学文化的认识、文化融入意识以及文化传承起到良好的作用。测评指标应包括参与文化墙制作的学生人数、文化墙质量、文化墙的时效性、宣传效果和墙体的使用调查等。（3）品德模范推荐指标。树立典范，发掘优秀人才，将学校中优秀的人物和事例宣传推介，是提高大学精神文化自信和学生品德素质的重要途径。测评指标应包括推荐品德模范人数、评选标准、在实践教育中的展现效果以及评选结果的公平性等。（4）文化园地建设指标。搭建"艺术大舞台""学术研讨"等文化园地，提供广阔的活动场所和各类平台、服务机制，支持学生自主性创新，实现文化活动的多样性和全方位发展。测评指标应包括建设文化

① 羌毅. 高校辅导员以深度接触开展思想政治教育的策略探究［J］. 学校党建与思想教育，2021（4）：3.

园地的数量、文化园地的规模，功能特色、运营管理机制以及社区建设情况等。（5）推进校园文化建设。高校辅导员应主动推进校园文化建设，承担和打造具有鲜明特点的文化品牌活动，以促进校园文化建设和学生身心发展。（6）文化产业推动指标。参与文化产业推动是培养学生对文化事业的理解和重视，提高其文化素养的重要途径。测评指标应包括参与文化产业推动的学生人数、推动文化产业的成效及推动过程中学生自主发挥的表现等。

通过设立以上指标，可以全面客观地评估高校辅导员在文化育人方面的工作质量，并为日后思想政治工作的开展提供重要参考，同时也要注重各项指标之间的相互作用以及对于全面评估辅导员工作的重要性。

**（四）网络育人指标**

随着网络技术的不断发展，网络已经成为我们生活和工作中不可或缺的一部分。通过网络，高校辅导员可以更加方便地与学生进行互动，推广和传播相关信息，开展网络育人工作，发挥其在思想政治教育中的重要作用。网络育人指标的建立，是对高校辅导员思想政治工作质量的全面、客观评定。可以从以下几个方面进行网络育人指标的构建：（1）网络课程建设指标。借助网络平台，给学生提供丰富多彩的思想政治类课程，强化学生的实践基础，切实提高课程教育效果。测评指标应包括课程数量、课程质量、学生参与情况、网络课程产出的成果等。（2）网络育人平台建设指标。建设网络育人平台，架设育人资料和资源，丰富育人互动形式，创设育人舞台。"政治学习网""心理咨询平台"等可以起到十分好的辅助作用。测评指标应包括网络平台的具体数量、质量、学生参与情况、网络平台产出的精细化作品等。（3）网络互动教育指标。网络互动教育是一种新型的教育形式，通过网络平台实现多方共同学习的模式，为学生提供更为灵活且交流便利的学习方式。测评指标应包括学生参与度、互动效果以及学生能否通过网络学习获得较好的快乐学习体验。（4）网络活动精品推送指标。网络经济时代，网络资源丰富，高校辅导员在网络育人方面的推广和推送尤为重要。推荐和推送网络育人精品，可以引导学生更深入地参与网络育人工作。测评指标应包括网络活动精品的数量、质量评价以及对学生思想政治教育理论理解和实践能力推动作用的测评。（5）网络防范教育指标。利用网络平台，辅导员可以开展网络防范教育，对学生进行心理健康、网络安全等方面教育。测评指标应包括开展网络防范教育的数量和质量、学生反馈和接受度以及防范教育对于学生实际生活中的反映等。（6）网络创新应用能力指标。网络育人所具备的技术性质在一定程度上要求辅导员熟悉维护。建立关注度，丰富操作经验，提升学生的网络应用能力和创新能力。测评指标应包括学生参与度、创新成果及网络技术应用的反映情况等。

网络育人方面的评测指标多方面、内容丰富，但要清晰、准确又有针对性，才能有效指导高校辅导员进行网络育人工作，并且获得更好的教育效果。

**（五）心理育人指标**

高校辅导员在思想政治教育工作中发挥着重要作用，是高校思想政治教育的重要力量。在高校思想政治教育工作中，辅导员从事着管理育人工作，其作用不可忽视。如何科学、合理地测评高校辅导员思想政治教育工作的心理育人方面，具有较高的现实意义和实践价值。因此，在进行高校辅导员思想政治教育测评时，可以从以下几个方面进行心理育人指标的构建：（1）建立学生心理档案。高校辅导员应建立学生心理档案，包括学生的基本信息、学习和生活情况、心理状况等，为后续的管理育人工作提供基础数据。（2）心理普查和疏导。高校辅导员应协助开展心理普查、筛查工作，对学生心理问题进行初步排查和疏导。同时，高校辅导员应关注学生的心理健康，包括开展心理咨询、心理辅导等方面的服务，让学生的心理问题得到有效的疏导和治疗。（3）组织开展心理健康知识普及教育宣传活动。（4）开展学生心理骨干队伍选拔、培养和管理，建立班级、寝室心理工作机制。

高校辅导员的心理育人工作是高校思想政治教育工作的重要组成部分，在进行高校辅导员思想政治教育测评时，应以科学、合理的指标体系为基础，将其作为心理育人工作的核心，不断提高高校辅导员思想政治教育工作的科学性和针对性。

**（六）管理育人指标**

辅导员是高校思想政治教育的第一道关口，他们能够担任管理者的角色。管理育人是辅导员思想政治教育工作的一个重要组成部分，也是其在管理学生、指导学生解决各种问题、开展组织管理等方面发挥最大作用的体现。因此，进行高校辅导员思想政治教育测评，对于理解管理育人的实践与问题，提高辅导员从事思想政治教育管理育人的能力，有着重要的作用。①可以从如下几个方面进行高校辅导员思想政治教育测评的管理育人指标的构建：(1)建立学生档案。学生档案是管理育人的一个重要基础。辅导员应该依据学生的实际情况建立学生档案，包括学生的基本信息、学习情况、日常生活情况和思想状况等。建立学生档案，不仅有助于个性化辅导，并且为辅导员开展管理育人工作提供了基础数据。(2)进行家访、电话访问。高校辅导员应该积极与学生家长进行沟通，了解学生的成长环境和成长经历。在开展家访过程中，着重了解学生在家庭中的生活环境和与家人相处的情况，有利于辅导员更好地指导学生。开展电话访问，可以就学生的问题进行及时的解答和指导。(3)开展个性化辅导。学生是群体，但也存在个体差异，因此个性化辅导是管理育人的核心。高校辅导员应根据学生的个性特点，采取针对性的指导措施，帮助学生排解生活和学习上的困难和问题。同时辅导员要对学生的行为、表现、心理等方面进行不断的跟踪，保证学生的成长轨迹。(4)指导学生组织管理。参加学生社团、学生会等活动，是学生参与社会实践，培养组织管理能力的高效途径。高校辅导员应该积极指导学生组织管理，帮助学生准确把握社团活动的方向和任务，发扬团结协作和自主创新的优良传统，巩固自身团队建设和管理水平。(5)推动学生参与社会实践。参与社会实践，是培养大学生具有社会责任感和服务意识的重要途径。高校辅导员应保持积极性，提供参加社会实践活动的机会，引导学生成长为既德行优良又善于与人合作、管理组织的人才，不断提高学生的文化素养和能力。(6)督促学生遵守学校规章制度。高校辅导员应制定完善的学校规章制度，在辅导学生遵守学校规章制度方面发挥积极作用，引导学生养成正确的行为习惯，争做优秀的公民。高校辅导员应指导学生寻求合理解决途径，引导学生做出更为成熟的决策。与此同时，要特别重视学生心理问题，敦促学生避免不合理行为，保护好自己和他人。

---

① 陈捷. 高校思想政治教育有效性提升的探索实践［J］. 思想理论教育导刊, 2020 (1): 3.

测评高校辅导员思想政治教育的管理育人能力，是提高高校思想政治教育与管理质量的重要方法。管理育人体现在辅导员对学生进行个性化辅导、指导学生组织管理等方面的工作，也体现在制定规章制度、开展社会实践等方面。建立学生档案，进行家访与电话访问，纠正学生不良行为，推动学生参加社会实践，能够激发学生自由创作和创意等方面的潜力，提高学生成就感和归属感。

**（七）服务育人指标**

服务育人是高校辅导员思想政治教育工作的重要方面，其主要任务是为学生提供全方位、多层次的服务，包括生活服务、学习服务、就业服务等。在高校辅导员的思想政治工作中，服务育人扮演着非常重要的角色，如何科学地测评高校辅导员在服务育人方面的表现，对提升思想政治工作的质量和水平有着重要的意义。在进行高校辅导员思想政治教育的服务育人测评时，可以从以下几个方面进行指标的构建：（1）提供多样化的生活服务。高校辅导员应以提供生活服务为重点，从宿舍管理、餐饮服务、医疗卫生等多个方面为学生提供多样化的服务，让学生感受到校园的温暖。（2）开展多形式的学习服务。高校辅导员应以提供学习服务为重点，包括考研、出国留学、科研项目等多种形式的服务，帮助学生更好地掌握学科知识，增强自身竞争力。（3）推动就业服务。高校辅导员应开展就业服务，帮助学生掌握就业信息、提高求职能力、拓宽职业视野，提高学生的就业竞争力。（4）支持学生创业。高校辅导员应为有创业意愿的学生提供支持，包括引导、资助等方面，创造良好的创业氛围，促进学生自主创业。（5）加强文化活动服务。高校辅导员应开展多样化的文化活动，包括文艺演出、知识竞赛、读书会等活动，营造宽松、自由、多元的文化氛围，提高学生文化素养。

高校辅导员的服务育人工作是高校思想政治教育工作的重要组成部分，对于提高学生的综合素质和竞争力具有重要作用。在进行高校辅导员思想政治教育测评时，应从多角度和多层次出发，构建科学合理的指标体系，不断提升服务育人方面的水平和能力，为学生提供更加优质的服务。

**（八）资助育人指标**

资助育人是高校辅导员思想政治教育工作的重要方面之一，其主要任务是为学生提供经济上的资助，帮助学生减轻经济负担，确保学生能够顺利完成学业。在高校辅导员的思想政治工作中，资助育人扮演着非常重要的角色，如何科学地测评高校辅导员在资助育人方面的表现，对于提升思想政治工作的质量和水平有着重要的意义。在进行高校辅导员思想政治教育的资助育人测评时，可以从以下几个方面进行指标的构建：（1）建立健全的助学金制度。高校辅导员应建立健全的助学金制度，制定完善的申请、评审、管理程序，确保助学金的发放公正、透明、规范。① （2）提供有效的贷款、减免、兼职等资助方式。高校辅导员应在助学金制度之外，探索更多的资助方式，包括提供低息贷款、赞助兼职、提供低价住房等方式，帮助学生解决实际困难。（3）开展勤工俭学工作。高校辅导员应积极开展勤工俭学工作，以保证学生能够通过自己的劳动，赚取生活所需，该工作应该科学规范管理，保证学生的积极性和工作质量。（4）宣传奖学金制度。高校辅导员应积极推广奖学金制度，让学生知晓申请流程和具体条件，鼓励学生积极参与，从而提高学生的学业成绩和竞争力。（5）加强学生资助信息公开。高校辅导员应加强学生资助信息的公开，包括资助项目、申请流程、资助金额等信息。这有助于提高透明度和公正性，同时也有助于激发同学的参与积极性。（6）主动解决学生资助问题。高校辅导员应对学生的资助问题主动跟踪解决，以确保学生的资助需求得到及时的满足，帮助学生度过经济困难的时期。

高校辅导员的资助育人工作是高校思想政治教育工作的重要组成部分，对于提高学生的综合素质和竞争力具有重要作用。在进行高校辅导员思想政治教育测评时，应从多个角度、多个层次出发，构建科学合理的指标体系，不断提升资助育人方面的水平和能力，为学生提供更加优质的服务。

### （九）组织育人指标

组织育人是高校辅导员思想政治教育工作的重要方面之一，其主要任务是为学生提供各种机会，展示、提高和锻炼学生组织能力、协作能力以及领导能力。在高校辅导员的思想政治工作中，组织育人扮演着非常重要的角色，如何科学地测评高校辅导员在组织育人方面的表现，对于提升思想政治工作的质量和水平有着重要的意义。在进行高校辅导员思想政治教育的组织

---

① 方盈，肖英杰.思想政治教育视角下高校辅导员能力提升实践研究：评《高校辅导员工作方法实例解析》[J].领导科学，2020（21）：1.

育人测评时，可以从以下几个方面进行指标的构建：（1）学生党建。高校辅导员应指导班级理论学习，开展理想信念教育，动员组织学生积极向党组织靠拢，开展入党积极分子日常培养、学生党员发展和教育管理。（2）学生团建。高校辅导员应指导班级团支部建设，组织开展"推优入党"等工作。（3）班级建设。高校辅导员应做好班干部选拔及培养工作，提升学生干部综合能力素质；指导开展班级文化建设，增强班级凝聚力；加强班级日常管理，创建优良班风学风。（4）指导学生社团建设。高校辅导员应组织学生参加丰富多彩、富有特色的社团活动，为学生提供参与体验、锻炼组织能力的机会。（5）组织指导第二课堂活动。高校辅导员应积极组织开展第二课堂和"双创"活动，以发挥学生的创新能力和创业精神，激发其创造性，为学生提供一站式创新创业服务。

高校辅导员的组织育人工作是高校思想政治教育工作的重要组成部分，对于提高学生的综合素质和竞争力具有重要作用。在进行高校辅导员思想政治教育测评时，应从多个角度、多个层次出发，构建科学合理的指标体系，不断提升组织育人方面的水平和能力，为学生提供更加优质的服务。

## 第二节　高校辅导员开展思想政治教育质量测评的研究模型

模型是一种重要的工具和手段，广泛应用于各个学科领域，它可以帮助人们深入理解真实世界中的事物和系统，提供数据支持和预测结果，推动科学研究和决策分析的发展。

### 一、高校辅导员开展思想政治教育质量测评模型的构建方案

高校辅导员开展思想政治教育质量测评内容体系的理论模型是依据全国高校思想政治工作会议精神，《高校思想政治工作质量提升工程实施纲要》，结合《普通高等学校辅导员队伍建设规定》《全国大学生思想政治教育工作测评体系（试行）》等文件，由 9 个分问卷构成的。本书对于高校辅导员开展思想政治教育质量测评模型的构建过程，主要采取以下的方法。

**（一）确定测评目标**

在进行辅导员开展思想政治教育质量测评之前，测评人员需要明确测评的目标。这些目标应该围绕科研育人、实践育人、文化育人、网络育人、心理育人、管理育人、服务育人、资助育人、组织育人，提高学生的思想政治素质、促进学生的全面发展等方面展开。如测评的目标可以是：（1）开展大学生暑期"三下乡""志愿服务西部计划"等传统经典项目情况；（2）开展学术道德和学术规范教育情况；（3）中华优秀传统文化教育开展情况；（4）开展网络思想政治教育活动情况；（5）开展诚信教育和金融常识教育情况；（6）学生心理问题初步排查和疏导情况。

**（二）确定测评指标**

为了使测评更加客观、公正和具有可操作性，测评需要确定具体的测评指标。这些指标应该与测评目标相一致，并且要明确每个指标的内涵和评价标准。

一是测评维度层，即一级指标，是指测评所指向的具体对象与范围，反映该测评体系所测对象各类素质的宽度、深度和层次关系。辅导员开展大学生思想政治教育质量的测评体系的维度层主要包括科研育人、实践育人、文化育人、网络育人、心理育人、管理育人、服务育人、资助育人、组织育人。

二是测评内容层，即二级指标，是根据测评维度的要求给出的，是对测评维度的明确规定和细化。例如测评维度层的文化育人分问卷，要通过中华优秀传统文化教育、革命文化、社会主义先进文化教育、校园文化四方面测评内容体现。而文化育人分问卷只是对辅导员开展大学生思想政治教育这一测评内容的综合说明。

三是指标权重层，即三级指标，是测评内容层的量化可操作性的表现形式，即测评指标在测评指标体系中的重要性或测评指标在总分中应占的比重。采用德尔菲法、层次分析法和主观加权法确定指标权重。

**（三）专家小组评定**

聘请思想政治教育专业、心理学专业、马克思主义中国化专业的专家和从事多年学生工作的书记或副书记、资深辅导员对辅导员思想政治教育的指标、要求和权重进行研究，从而完成建模。

### （四）实施测评

在确定好测评指标和权重后，测评人员需要按照计划进行测评。在执行过程中，需要注意以下几点：一是确保测评的公正性和公正度，避免主观因素对测评结果的影响；二是控制测评的进度和时间，确保每个环节的顺利进行；三是对测评结果进行详细记录和分析，以便后续的评估和使用。

### （五）分析测评结果

完成测评后，测评人员需要对测评结果进行分析。分析的目的是找出辅导员思想政治教育工作的不足和问题，同时了解学生在思想政治教育方面的现状，并制定相应的改进措施。分析可以从以下三个方面进行：一是统计测评数据，了解学生在各个指标上的表现情况；二是比较不同学生群体之间的差异，找出问题的根源和影响因素；三是分析测评结果与前期测评结果的差异，制定出具有针对性和可操作性的措施。例如，针对学生在学术道德和学术规范方面的问题，可以采取以下细化指标的措施：（1）加强学术道德和学术规范教育，增加学生的学术道德和学术规范意识；（2）组织开展学术规范班会活动，让学生懂得学术规范重要性；（3）加强学生对科学精神、探求真理、探索新知的精神培养。

### （六）复查测评结果与持续改进

在实施改进措施一段时间后，测评人员应重新进行测评以检查改进效果。如果改进效果不理想，需要重新审视改进措施的有效性并及时调整。如果改进效果良好，应总结经验并持续优化辅导员开展思想政治教育质量测评工作。整个过程形成了一个闭环的质量改进模型，有助于提升辅导员在思想政治教育上的质量。

## 二、高校辅导员开展思想政治教育质量测评的评价模型

高校辅导员开展思想政治教育质量测评的评价模型可以分为子体系得分模型和综合测评模型。

### （一）子体系得分模型

在因子分析法确定各综合测评因子体系权重的基础上，构造测评模型：

$$L_i = \sum_{j=1}^{n} \lambda_j F_{ij}$$

其中，$L_i$ 为第 $i$ 个子体系的综合得分，$\lambda_j$ 为各综合因子的权重值（因子贡献率），$F_{ij}$ 为子体系的综合因子得分，$n$ 为因子个数。

**（二）综合测评模型**

在各模块能力水平值确定后，采用层次分析法来确定各子体系的权重，然后再计算出辅导员开展大学生思想政治教育的质量水平，其计算模型为：

$$L_p = \sum_{i=1}^{9} W_i L_i$$

其中，$W_i$ 为各子体系的权重。

总之，子体系得分模型可以帮助辅导员深入了解思想政治教育的各个方面的实施情况，综合测评模型则可以在子体系得分的基础上，对这些方面进行综合评价，得出一个全面的评价结果。在实践中，这两种模型常常结合使用，以确保评价结果的准确性和可靠性。

# 第三节　高校辅导员开展思想政治 教育质量测评的统计分析

高校辅导员开展思想政治教育质量测评的统计分析包括层次分析法、熵值法和因子分析法。这些方法的使用可以使得评价过程更加客观、准确和全面。

## 一、层次分析法

层次分析法是由美国运筹学家萨蒂在 20 世纪 70 年代正式提出的一种定性和定量相结合的层次化分析方法，是一种主观赋权方法。其基本思想是对于复杂性问题，在深入理解其内在本质后，将其构建为层级化结构模型，包括目标、准则、方案等层级。这种方法实际上是将人的思维过程层次化，将复杂问题简便化的思维判断的数学方法。对于决策因素，通过两两之间的对比后生成相对标度量化值，将决策人员的判断准则最终以数量关系体现。依此方法，对于同一层级的指标因素之间均可建立评判矩阵，求解矩阵后再将所得的各层级权重加以综合，最后得到各属性指标的最终权重。既可以单独以这一方法对各选集合进行评判，也可以依据备选集合层的权重大小来做出选择。① 总体来看，层次分析法的原理可以归结为两点。第一是递阶层次结构原理，如图 3-1 所示。将复杂的决策问题分解为属性元素，这些元素以属性区分构成若干类别以构造多个层次。在某一层次上的元素，要受到上一层次的支配，同时对下一层次也起到同样的作用。这样自上而下的支配作用维持的联系即是一个递阶层次。对于整体而言，从上而下分别是目标层、准则层、子准则和措施层。第二个原理是两两对比。通过因素间的两两对比，分别得出相对重要程度，以此形成判断矩阵。经运算得到权重向量，通过一致性检验来保证向量值的合理性。最后经层次单排序和多排序理出一组综合权数。应用层次分析法的步骤如下：

步骤一：将研究对象相关各要素分级层次化，建立结构模型。

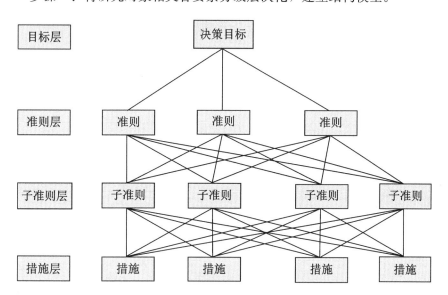

**图 3-1　层次分析法层次结构示意图**

步骤二：以上一层级为准则，对某一层指标进行两两比较。常用 9 级标度法对指标间就重要程度相互比较。

在构建了层次结构后，需要在同一层次中的各因素之间进行两两比较，

---

① 肖灵铭. 新时代高校辅导员思想政治教育工作的路径探析：评《高校辅导员思想政治教育实践探索》[J]. 教育理论与实践，2022，42（27）：2.

构造出比较判断矩阵。假设以某一层次的元素 $CK$ 作为准则，其下一层次的元素 $A_1$，$A_2$，$\cdots$，$A_n$ 受该准则层支配。在 $CK$ 准则层下，针对 $A_1$，$A_2$，$\cdots$，$A_n$ 的相对重要性应赋予相应权重。但由于辅导员开展大学生思想政治教育的质量测评问题研究涉及许多影响因素，其权重直接求取较为复杂，通常采用两两比较其相对重要性的方法，判断矩阵 $A=(a_{ij})_{n\times n}$ 的取值采用 $1$~$9$ 标度法，邀请相关领域的专家对准则层中各指标的重要程度进行多轮独立打分。一般取 $1$、$3$、$5$、$7$、$9$ 等 $5$ 个等级标度，而 $2$、$4$、$6$、$8$ 表示相邻判断的中值，从而构造出判断矩阵。

步骤三：层次分析法权重计算。层次分析法权重计算是根据判断矩阵来计算本层次元素相对于上一层某一元素的重要性权值，这可归结为计算判断矩阵的最大特征根及特征向量的问题。计算方法如下：

(1) 首先，使用和积法对判断矩阵的每一列元素进行归一化处理，$P_{ij}=\dfrac{P_{ij}}{\sum P_{ij}}(i,j=1,2,\cdots,n)$。

(2) 然后，按行相加：$\overline{w}_i=\begin{bmatrix}\overline{w}_1\\\overline{w}_2\\\cdots\\\overline{w}_n\end{bmatrix}n*1$。

(3) 最后，对向量 $\overline{w}_i=[\overline{w}_i,\overline{w}_i,\cdots,\overline{w}_i]^{\mathrm{T}}$ 归一化处理。

$$w_i^{(a)}=\frac{\overline{w}_i}{\sum\limits_{j=1}^{m}\overline{w}_j}$$

则 $w_i^{(a)}=[w_1^{(a)},w_2^{(a)},\cdots,w_m^{(a)}]^{\mathrm{T}}$ 即为所求的特征向量，即权重向量。

步骤四：进行一致性检验。由于辅导员开展大学生思想政治教育的质量测评的复杂性和评价人员的多样性，在进行各项指标的两两比较时可能出现一些不一致的结论。例如，当指标 $a$、$b$、$c$ 的重要性相近时，两两比较可能会得出 $a$ 比 $b$ 重要、$b$ 比 $c$ 重要，但 $c$ 又比 $a$ 重要的矛盾结论。为满足判断矩阵的一致性要求，确保结论合理，需要对构造的判断矩阵进行一致性检验。具体来说，可以按照以下步骤进行：

（1）根据判断矩阵计算一致性指标 $CI$

$$CI = (\lambda_{\max} - m)/(n-1)$$

其中，最大特征根 $\lambda_{\max} = \sum_{i=1}^{m} \frac{(AW)_i}{n\,W_i}$，$(AW)_i$ 表示向量 $AW$ 的第 $i$ 个元素。

（2）对于 $1 \sim 9$ 阶判断矩阵，根据平均随机一致性指标，可以查表 3-1 得到对应的 $RI$ 值

表 3-1　平均随机一致性指标

| 阶$S_n$ | 1 | 2 | 3 | 4 | 5 | 6 | 7 | 8 | 9 |
|---|---|---|---|---|---|---|---|---|---|
| $RI$ | 0.078 | 0.098 | 0.095 | 0.062 | 0.048 | 0.000 | 0.067 | 0.027 | 0.024 |

（3）计算随机一致性比例系数 $CR$

公式为：$CR = \dfrac{CI}{RI}$。

当 $CR$ 小于 0.10 时，认为判断矩阵 $A\text{-}B$ 具有满意的一致性；否则，需要调整判断矩阵，使其具有满意的一致性。

步骤五：层次总排序。上面我们得到的是一组元素对其上一层中某元素的权重向量，最终要得到辅导员开展大学生思想政治教育质量测评值排序，我们需要在指标层测评的基础上对准则层各元素进行排序，特别是最低层中各方案对于目标的排序权重，从而进行方案选择。为了完成这个任务，我们需要自上而下地将单准则下的权重进行合成。设上一层次（$A$ 层）包含 $A_1, A_2, \cdots, A_m$ 共 $m$ 个因素，它们的层次总排序权重分别为 $a_1, a_2, \cdots, a_m$；又设其后的下一层次（$B$ 层）包含 $n$ 个因素 $B_1, B_2, \cdots, B_n$，它们关于 $A_j$ 的层次单排序权重分别为 $b_{1j}, b_{2j}, \cdots, b_{nj}$（当 $B_i$ 与 $A_i$ 无关联时，$b_{nj} = 0$）。现在，我们需要求出 $B$ 层中各因素关于总目标的权重，即求出 $B$ 层各因素的层次总排序权重 $b_1, b_2, \cdots, b_n$，这个过程需要将 $A$ 层的权重 $a_1, a_2, \cdots, a_m$ 和 $B$ 层中各因素关于 $A_j$ 的层次单排序权重 $b_{1j}, b_{2j}, \cdots, b_{nj}$ 结合起来。具体来说，$B$ 层中各因素的层次总排序权重可以通过以下公式求出：

$$b_i = \sum_{j=1}^{m} b_{ij}\, a_j \quad (i = 1, 2, \cdots, n)$$

## 二、熵值法

熵值法是一种通过比较各项指标所能提供信息量的大小来确定该指标对应权重大小的方法。在信息论中,熵用于度量不确定程度,也被称为平均信息量。拥有越多的信息量,对目标的了解越全面,不确定程度越小,相应的目标的熵值就越小;反之亦然。为了精确地度量这种不确定性,我们借用信息论的定义和方法,通过计算每个指标的信息熵,进而确定其在综合评价体系中的权重。具体来说,我们使用公式 $b_i = -l_n p_i$ 来计算第 $i$ 个信号的信息量,其中 $p_i$ 表示该信号出现的概率。

如果一个信息通道中存在 $n$ 个信息,每个信号出现的概率分别为 $p_1, p_2, \cdots, p_n$,则这 $n$ 个信号所携带的平均信息量,即熵($H$),其计算公式为

$$H = -\sum_{i=1}^{n} p_i l_n p_i \text{。}$$

如果针对某一确定的 $j$ 项指标,不同被测对象的状态值 $x_{ij}$ 之间存在很大的差异,此时,可认为该项指标区分被测对象的能力很强,该指标包含和传输的信息量很大,即在总体评价系统中要突出该指标所占的比重。信息的增加对应着熵的减少,熵可以用来度量这种信息量的大小变化带来的差异。用熵值法确定指标权数的基本操作步骤如下:

第一步:根据公式 $p_{ij} = x_{ij} / \sum_{i=1}^{n} x_{ij}$,其中 $x_{ij} > 0$,且对于每一项指标 $j$,都有 $\sum_{i=1}^{n} x_{ij} > 0$,可以计算第 $j$ 项指标下,第 $i$ 个被评价对象的特征比重。

第二步:根据公式 $e_j = -k \sum_{i=1}^{n} p_{ij} l_n p_{ij}$,在给定($k > 0$)且($e_j > 0$)的条件下,可计算第 $j$ 项指标的熵值。如果 $x_{ij}$ 对于给定的 $j$ 都相等,可得:$p_{ij} = 1/n$,$e_j = k l_n n$。

第三步:计算指标 $x_{ij}$ 的差异性系数比。对于某一确定的指标 $j$,$x_{ij}$ 之间的取值波动程度越小,$e_j$ 就越大,当 $x_{ij}$ 完全相等时,$e_j = e_{\max} = 1(k = 1/l_n n)$,此时指标 $j$ 对于区分放置在一起的被评价对象,几乎毫无作用;当 $x_{ij}$ 差异越大时,$e_j$ 就越小,指标 $j$ 对被评价对象的区分作用越大,因此定义差异系数 $g_j = 1 - e_j$,$g_j$ 就越大,越需要重视该项指标的作用,该指标对应的权重也越大。

第四步:确定权重系数,即

$$w_j = g_j / \sum_{j=1}^{m} g_j, (j = 1, 2, \cdots, m)$$

## 三、因子分析法

因子分析法(factor analysis)是一种多元统计法,用于解决对某一事物的影响因素进行观测时所面临的问题。当收集到大量的原始数据时,这种方法能够简化数据分析的工作量,同时消除数据之间的相关性。例如,在服装行业中,人体各个部位的尺码是随机变量,它们之间存在相关关系。由于实际工作量的原因,服装店不可能为每个人测量尺码。因此,需要从众多的变量中概括出主要变量,并根据这些主要变量来加工和生产适合人体型的衣服。虽然主要变量不能反映全部信息,但它们可以反映出绝大部分信息。因子分析正是这样一种能够解决问题的重要的多元统计方法。在 20 世纪时,研究者卡尔·皮尔逊等人提出了因子分析的方法。因子分析法是为了探讨存在相关关系的变量之间,是否存在不能直接观察到但对可观测变量的变化起支配作用的潜在因子的分析方法。[①]因子分析法可以寻找潜在的起支配作用的因子模型。

设有原始变量 $X_1, X_2, X_3, \cdots, X_m$,它们归结于 $n$ 个因子变量:$F_1, F_2, F_3, \cdots, F_n$,于是有:

$$\begin{cases} X_1 = \alpha_{11} F_1 + \alpha_{12} F_2 + \cdots \alpha_{1n} F_n + \alpha_1 \varepsilon_1 \\ X_2 = \alpha_{21} F_1 + \alpha_{22} F_2 + \cdots \alpha_{2n} F_n + \alpha_2 \varepsilon_2 \\ \qquad\qquad\qquad \cdots \\ X_m = \alpha_{m1} F_1 + \alpha_{m2} F_2 + \cdots \alpha_{mn} F_n + \alpha_m \varepsilon_m \end{cases}$$

也可以用矩阵形式表示为:$X = AF + \alpha\varepsilon$。[②]

$X$ 为原始变量向量;$A$ 为因子载荷矩阵;$F$ 为因子变量向量;$a$、$\varepsilon$ 为残差向量。以下是因子分析法的应用步骤:

(1)通过使用 SPSS24.0 软件,对所有的原始变量进行标准化处理。

(2)分析原始变量的相关系数矩阵和显著性结果,以及 KMO 值,以判断

①　卢纹岱. SPSS 统计分析[M]. 4 版. 北京:电子工业出版社,2010:58.

②　张文彤. SPSS 统计分析高级教程[M]. 北京:高等教育出版社,2010:67.

变量之间是否存在相关性及相关性的程度。只有当有必要进一步分析时,才进行下一步。

（3）分析相关系数矩阵的特征值,了解特征值的方差贡献率和累计方差贡献率。根据特征值大于1的原则,找出公共因子,并计算公共因子的累计贡献率。

（4）分析变量的因子载荷矩阵,确定公共因子的决定变量以及在公共因子上的载荷量。

（5）分析因子得分系数矩阵,确定公共因子得分公式,并计算出公共因子的得分。

总之,这些评价方法的使用可以帮助高校辅导员更加客观、准确和全面地评价思想政治教育的质量,从而更好地改进和提高教育水平。同时,这些方法也具有一定的局限性,需要结合实际情况选择或结合使用。

# 第四章
# 高校辅导员开展思想政治教育质量测评的实证研究

　　为了全面反映高校辅导员开展大学生思想政治教育质量情况，本研究分为三个阶段。首先，确定权重。高校辅导员开展大学生思想政治教育测评指标中每个子体系的重要程度不同，需要根据各准则层对目标层的影响程度赋予其相应的权重。该研究选用层次分析法，它是一种定性和定量分析相结合的赋权方法，把一个复杂决策问题表示为一个有序的递阶层次结构，通过两两比较判断，计算各种决策方案在不同准则下的相对重要性量度，可避免德尔菲法主观性太强的弱点。其次，计算每个子体系的发展状况，同时采用了因子分析法，提取了原有变量中信息重叠的部分，得到彼此不相关的综合因子，实现了减少变量个数的目标。根据标准化后的变量得分系数，计算每个因子得分，再以因子方差贡献率为权重计算每个子体系的得分。最后，以各子体系的得分和权重可计算出辅导员开展大学生思想政治教育质量的综合得分。

## 第一节　高校辅导员开展思想政治
## 教育质量测评的指标构建

　　辅导员开展大学生思想政治教育质量测评是一个系统化的过程。本研究从马克思人的全面发展理论、思想政治教育过程论和统计学等理论的基本原理出发，根据新时代高校"立德树人"的培养目标，紧紧围绕"如何培养人"展开，结合辅导员与大学生的实际，构建了一套科学动态的、操作性强的质量测评体系。

## 一、构建测评指标体系

### (一)测评维度

在选择辅导员开展大学生思想政治教育质量测评指标维度时,既要借鉴高校思想政治教育、学生工作、学生事务管理等相关评价对象的成熟评价维度,又要跳出陈旧固化思维,以新时代高等教育育人导向和教育治理体系改革为理论之基,以全国高校思想政治工作会议精神,以及《高校思想政治工作质量提升工程实施纲要》《普通高等学校辅导员队伍建设规定》《全国大学生思想政治教育工作测评体系(试行)》等文件为操作之纲,其测评指标可围绕科研育人、实践育人、文化育人、网络育人、心理育人、管理育人、服务育人、资助育人、组织育人九个维度进行架构设计。

### (二)测评指标内容

测评指标是将评价落到实际的关键一环,如何从众多指标中筛选出能够测量、反映教育质量的有效指标是一个极为重要的技术性问题。

辅导员开展大学生思想政治教育质量测评是一个协同联动的复杂系统,其中包含数个子系统,每一个子系统又可分为数个板块。因此,在测评指标的设计思路上,本研究综合采用层次分析法,将整个体系中的目标和对应元素分解为多个子目标,进而分解为多指标的若干层次,在每一层次中从众多指标里筛选出最能体现测评体系过程和结果效能的具体指标要素。在测评指标的选择上,本研究有针对性地选取了双一流大学 2 所、本科高校 4 所、高职专科院校 1 所的不同研究领域的教授和资深辅导员的专家共 35 人,其中,专职辅导员 10 人,党务和思政干部 12 人,党委(党总支)书记/副书记 13 人,组成问卷专家组。本研究采取德尔菲法,专家组成员在分析党中央、教育部一系列文件内容后,基于 9 项一级测评指标框架,结合高校实际工作开展情况,对初步拟定的 48 个候选二级指标进行匿名筛选、归类和排序,经过 3 轮意见反馈和修改后,专家组成员一致确定了 38 个二级指标。二级指标权重不以德尔菲法确定,为尽量保证客观科学,采取熵权法,具体方法将在下文详述。囿于篇幅,本书未在本次指标选择中确定三级指标。由于不同高校目前的辅导员开展大学生思想政治教育质量测评工作体系建构基础、资源和进度有所区别,不同层次的高校需要结合自身发展水平和质量,遵循测评原则而设定更为精细的测评指标。本研究确定的测评指标如表 4-1 所示。

**表 4－1　采用德尔菲法得出的高校辅导员开展大学生思想政治教育质量测评指标体系**

| | 指标 | 指标构成 |
|---|---|---|
| 高校辅导员开展大学生思想政治教育质量测评指标体系 | 科研育人 $(A_1)$ | $B_1$ 开展学术道德和学术规范教育情况 |
| | | $B_2$ 学生崇尚科学精神、追求真理、追求新知情况 |
| | | $B_3$ 学生学习习惯养成良好、创新意识培养情况 |
| | | $B_4$ 学生主持和参与科研项目研究情况 |
| | 实践育人 $(A_2)$ | $B_5$ 开展大学生暑期"三下乡""志愿服务西部计划"等传统经典项目情况 |
| | | $B_6$ 开展实施"牢记时代使命，书写人生华章"等新时代社会实践精品项目情况 |
| | | $B_7$ 学生开展社会调查、生产劳动、社会公益、志愿服务等社会实践活动情况 |
| | | $B_8$ 开展师生志愿服务评价认证情况 |
| | 文化育人 $(A_3)$ | $B_9$ 中华优秀传统文化教育开展情况 |
| | | $B_{10}$ 革命文化教育开展情况 |
| | | $B_{11}$ 社会主义先进文化教育开展情况 |
| | | $B_{12}$ 学生积极践行和弘扬社会主义核心价值观情况 |
| | | $B_{13}$ 学生热爱专业的情况 |
| | 网络育人 $(A_4)$ | $B_{14}$ 开展网络思想政治教育活动情况 |
| | | $B_{15}$ 网络文化建设与管理情况 |
| | | $B_{16}$ 学生在网上能自我教育、自我管理和自我服务情况 |
| | | $B_{17}$ 学生乐于通过网络与辅导员交流及效果良好的情况 |
| | 心理育人 $(A_5)$ | $B_{18}$ 开展心理健康知识普及宣传活动情况 |
| | | $B_{19}$ 学生心理问题初步排查和疏导情况 |
| | | $B_{20}$ 学生掌握基本心理健康知识情况 |
| | | $B_{21}$ 学生理性平和、乐观向上的健康心态情况 |
| | 组织育人 $(A_6)$ | $B_{22}$ 班团组织及其他学生组织机构健全、工作规范等情况 |
| | | $B_{23}$ 学生团员发展和教育管理情况 |
| | | $B_{24}$ 学生入党积极分子培养、党员发展和教育管理情况 |
| | | $B_{25}$ 学生骨干的遴选、培养、激励情况 |
| | 管理育人 $(A_7)$ | $B_{26}$ 学生遵纪守法情况 |
| | | $B_{27}$ 学生养成良好的道德品质情况 |
| | | $B_{28}$ 学生日常行为文明、规范、有序情况 |
| | | $B_{29}$ 班级学习氛围和学习风气情况 |
| | 服务育人 $(A_8)$ | $B_{30}$ 开展安全教育情况 |
| | | $B_{31}$ 学生健康生活辅导情况 |
| | | $B_{32}$ 学生学习成才辅导情况 |
| | | $B_{33}$ 学生正确择业服务情况 |
| | 资助育人 $(A_9)$ | $B_{34}$ 开展诚信教育和金融常识教育情况 |
| | | $B_{35}$ 开展励志教育和感恩教育情况 |
| | | $B_{36}$ 开展大学生职业生涯和就业思想政治教育情况 |
| | | $B_{37}$ 家庭经济困难学生精准认定及奖助学金评定情况 |
| | | $B_{38}$ 学生开展勤工俭学活动情况 |

## 二、指标权重的确定

以下是聘请 35 位有关专家按层次分析法的要求，通过两两比较各子体系的重要程度而构造的判断矩阵 **L**：

$$
L=\begin{bmatrix}
1 & 1.2 & 0.788 & 1.226 & 0.845 & 0.491 & 0.35 & 0.71 & 0.44 \\
0.833 & 1 & 0.621 & 0.579 & 0.709 & 0.355 & 0.503 & 0.673 & 0.377 \\
1.269 & 1.609 & 1 & 0.48 & 0.456 & 0.388 & 0.39 & 0.73 & 0.596 \\
0.816 & 1.728 & 2.081 & 1 & 0.326 & 0.378 & 0.385 & 0.743 & 0.75 \\
1.183 & 1.411 & 2.191 & 3.07 & 1 & 0.341 & 0.377 & 0.545 & 0.587 \\
2.035 & 2.813 & 2.963 & 2.644 & 2.936 & 1 & 0.36 & 0.389 & 0.847 \\
2.856 & 1.99 & 2.561 & 2.598 & 2.649 & 2.778 & 1 & 0.399 & 0.45 \\
1.408 & 1.486 & 1.371 & 1.347 & 1.834 & 2.572 & 2.507 & 1 & 0.454 \\
2.275 & 2.655 & 1.677 & 1.333 & 1.703 & 1.181 & 2.222 & 2.202 & 1
\end{bmatrix}
$$

首先运用和积法对判断矩阵每一列元素作归一化处理：

$$
P_{ij}=\frac{P_{ij}}{\sum P_{ij}}(i=1,2,3,4,5,6,7,8,9;j=1,2,3,4,5,6,7,8,9)
$$

然后按行相加：$W_i$ = (0.625334, 0.521382, 0.620952, 0.725548, 0.87741, 1.298021, 1.450378, 1.328111, 1.552864)，将 $W_i$ 归一化得到各子体系的权重，$W_i$ = (0.069482, 0.057931, 0.068995, 0.080616, 0.09749, 0.144225, 0.161153, 0.147568, 0.17254)。

计算最大特征向量值 $LW_i$ = (0.68249, 0.571073, 0.655686, 0.768387, 0.951728, 1.413953, 1.656444, 1.566753, 1.726966)。

由于辅导员开展大学生思想政治教育的复杂性和每个人对同一事物看法的差异性，专家打分构造的两两比较判断矩阵可能出现重要性判断上的矛盾。因此，需对判断矩阵进行一致性检验：

判断矩阵最大特征根$\lambda_{\max} = \dfrac{1}{n} \sum \dfrac{LW_i}{W_i} = 9.909584$($n$ 为判断矩阵的阶数)。

一致性指标 $CI = \dfrac{\lambda_{\max} - n}{n-1} = \dfrac{9.909584 - 9}{8} = 0.113698$。

一致性比率 $CR = \dfrac{CI}{RI} = \dfrac{0.113698}{1.46} = 0.077875 < 0.1$($RI$ 为同阶平均随机一致性指标),该判断矩阵具有满意的一致性,所以各子体系的相应权重为$W_i = (0.069482, 0.057931, 0.068995, 0.080616, 0.09749, 0.144225, 0.161153, 0.147568, 0.17254)$。

# 第二节　高校辅导员开展思想政治教育质量测评的问卷信效度检验

以湖南省内 10 所不同类型高校党务和思政干部、专兼职辅导员为对象,其中双一流大学 2 所,本科高校 6 所,高职专科院校 2 所,发放问卷 300 份,回收有效问卷 274 份,有效问卷回收率 91.3%。

## 一、信度

本研究采用 Cronbach α 系数法进行问卷的信度分析。其中,α 系数分布于 0~1。关于可接受的最小信度系数值,学界未形成统一的观点。在此,采用理论界较为通用的做法,即一般情况下,系数在 0.80~0.90 范围区间表示非常好,在 0.70~0.80 范围区间表示较好,在 0.65~0.70 范围区间表示可以接受,在 0.60~0.65 范围区间表示不能接受。对于尚未验证过的变量尺度,允许 Cronbach α 系数只要大于 0.60 即可接受。对收回的 274 份问卷,应用软件 SPSS24.0 逐个对因变量和自变量的各个度量指标以及整个问卷指标进行信度分析,得出 Cronbach α 值,其检验结果从表 4 - 2 可以看出,9 个维度的 Cronbach α 值均在 0.850 以上,整个研究变量的内部一致性和稳定性相对较好,可靠程度较高,本研究所设计的问卷具有较好的信度。

表 4-2　高校辅导员开展大学生思想政治教育的质量测评调查问卷信度检验

| 研究变量 | Cronbach α 值 | α 的标准值 | 指标数 |
|---|---|---|---|
| 科研育人 | 0.851 | 0.858 | 4 |
| 实践育人 | 0.880 | 0.893 | 4 |
| 文化育人 | 0.939 | 0.940 | 5 |
| 网络育人 | 0.925 | 0.925 | 4 |
| 心理育人 | 0.944 | 0.946 | 4 |
| 组织育人 | 0.908 | 0.910 | 4 |
| 管理育人 | 0.907 | 0.908 | 4 |
| 服务育人 | 0.902 | 0.908 | 4 |
| 资助育人 | 0.902 | 0.902 | 5 |

## 二、效度

本研究采用常用的 Bartlett 球形鉴定及 KMO 的取样适当性量数检验各变量观测值之间的相关性。根据乔治·凯泽的研究，如果 KMO 的值小于0.5，不宜进行因子分析。①

应用统计软件 SPSS24.0，对取得的问卷数据作因子分析，结果如表4-3所示。

表 4-3　高校辅导员开展大学生思想政治教育的质量测评调查问卷效度检验

| 维度 | 具体项目 | 因子负载量 | 变异量解释程度% | KMO值 | Bartlett球形鉴定显著性 |
|---|---|---|---|---|---|
| 科研育人 | 1. 开展学术道德和学术规范教育情况 | 0.849 | 70.219 | 0.741 | 0.000 |
| | 2. 学生崇尚科学精神、追求真理、追求新知情况 | 0.880 | — | — | — |
| | 3. 学生学习习惯养成良好、创新意识培养情况 | 0.838 | — | — | — |
| | 4. 学生主持和参与科研项目研究情况 | 0.781 | — | — | — |

---

① 贺光明．心理学视域下大学生思想政治教育有效性研究 [M]．长沙：湖南大学出版社，2021：68.

（续表）

| 维度 | 具体项目 | 因子负载量 | 变异量解释程度％ | KMO值 | Bartlett球形鉴定显著性 |
|---|---|---|---|---|---|
| 实践育人 | 5. 开展大学生暑期"三下乡""志愿服务西部计划"等传统经典项目情况 | 0.831 | 75.716 | 0.795 | 0.000 |
| | 6. 开展实施"牢记时代使命，书写人生华章"等新时代社会实践精品项目情况 | 0.889 | — | — | — |
| | 7. 学生开展社会调查、生产劳动、社会公益、志愿服务等社会实践活动情况 | 0.885 | — | — | — |
| | 8. 开展师生志愿服务评价认证情况 | 0.874 | — | — | — |
| 文化育人 | 9. 中华优秀传统文化教育开展情况 | 0.928 | 80.800 | 0.745 | 0.000 |
| | 10. 革命文化教育开展情况 | 0.888 | — | — | — |
| | 11. 社会主义先进文化教育开展情况 | 0.952 | — | — | — |
| | 12. 学生积极践行和弘扬社会主义核心价值观情况 | 0.901 | — | — | — |
| | 13. 学生热爱专业的情况 | 0.819 | — | — | — |
| 网络育人 | 14. 开展网络思想政治教育活动情况 | 0.903 | 81.758 | 0.738 | 0.000 |
| | 15. 网络文化建设与管理情况 | 0.935 | — | — | — |
| | 16. 学生在网上能自我教育、自我管理和自我服务情况 | 0.880 | — | — | — |
| | 17. 学生乐于通过网络与辅导员交流及效果良好的情况 | 0.898 | — | — | — |
| 心理育人 | 18. 开展心理健康知识普及宣传活动情况 | 0.914 | 85.992 | 0.778 | 0.000 |
| | 19. 学生心理问题初步排查和疏导情况 | 0.934 | — | — | — |
| | 20. 学生掌握基本心理健康知识情况 | 0.958 | — | — | — |
| | 21. 学生理性平和、乐观向上的健康心态情况 | 0.903 | — | — | — |

（续表）

| 维度 | 具体项目 | 因子负载量 | 变异量解释程度% | KMO值 | Bartlett球形鉴定显著性 |
|------|----------|-----------|-----------------|-------|----------------------|
| 组织育人 | 22. 班团组织及其他学生组织机构健全、工作规范等情况 | 0.910 | 78.856 | 0.815 | 0.000 |
| | 23. 学生团员发展和教育管理情况 | 0.906 | — | — | — |
| | 24. 学生入党积极分子培养、党员发展和教育管理情况 | 0.851 | — | — | — |
| | 25. 学生骨干的遴选、培养、激励情况 | 0.883 | — | — | — |
| 管理育人 | 26. 学生遵纪守法情况 | 0.787 | 78.733 | 0.820 | 0.000 |
| | 27. 学生养成良好的道德品质情况 | 0.943 | — | — | — |
| | 28. 学生日常行为文明、规范、有序情况 | 0.935 | — | — | — |
| | 29. 班级学习氛围和学习风气情况 | 0.875 | — | — | — |
| 服务育人 | 30. 开展安全教育情况 | 0.794 | 78.669 | 0.811 | 0.000 |
| | 31. 学生健康生活辅导情况 | 0.939 | — | — | — |
| | 32. 学生学习成才辅导情况 | 0.915 | — | — | — |
| | 33. 学生正确择业服务情况 | 0.894 | — | — | — |
| 资助育人 | 34. 开展诚信教育和金融常识教育情况 | 0.775 | 72.245 | 0.797 | 0.000 |
| | 35. 开展励志教育和感恩教育情况 | 0.911 | — | — | — |
| | 36. 开展大学生职业生涯和就业思想政治教育情况 | 0.925 | — | — | — |
| | 37. 家庭经济困难学生精准认定及奖助学金评定情况 | 0.754 | — | — | — |
| | 38. 学生开展勤工俭学活动情况 | 0.871 | — | — | — |

表 4-3 表明，各变量的 KMO 值均大于 0.5，Bartlett 球形鉴定显著性概率为 0.000，符合学者所提出的研究标准，因此可以进行因子分析。问卷中每个变量的因子载荷量都大于 0.7，符合社会科学研究界定的因子负载量大于 0.4 的标准，体现本问卷具有较好的效度，所设置的研究变量度量指标基本合理，因此可以利用以上量具，对本论题进行进一步分析和研究。

# 第三节　高校辅导员开展思想政治教育
# 质量测评的结果与分析

我们把经过信效度检验后的《高校辅导员开展思想政治教育质量测评问卷》在全国高校进行问卷星调查和实地调查，回收问卷 516 份，有效问卷 481 份（93.22%）。统计结果显示：被调查的男性 168 人，女生 313 人；中共党员 273 人，共青团员 120 人，群众 16 人，其他党派 23 人；来自湖南省、广东省、江苏省、山东省、河南省、福建省、澳门、广西壮族自治区、西藏自治区、内蒙古自治区等高校。其中有双一流大学 6 所，本科高校 18 所，高职专科院校 6 所；481 人中有心理中心咨询师、专任教师、教研室主任、专职辅导员、兼职辅导员、指导员、易班负责人、学校团委书记、学院团委书记、学工办主任、学工处正副处长、党委（党总支）书记/副书记等党务和思政干部。为了检验新时代辅导员开展大学生思想政治教育质量测评指标体系的整体优良性，将以因子分析法对辅导员开展大学生思想政治教育质量进行测评检验。

## 一、测评因子分析

### （一）服务育人因子

按照本章建立的辅导员开展大学生思想政治教育质量测评指标体系，根据 481 位专家的打分因子相关变量，可以得到辅导员开展服务育人工作质量的相关情况。

*1. 服务育人因子评价指标的特征值和方差贡献率分析*

首先，对数据进行 KMO 和球形 Bartlett 检验。KMO 检验是为了对采样充足度的 Kaisex-Meyer-Olkin 测度，检验变量之间的偏相关是否很小。球形 Bartlett 检验是为了检验相关矩阵是不是单位矩阵，它表明数据是否适合作因子分析。

在 SPSS24.0 中录入 481 位专家的服务育人因子的原始数据，点击 Analyze→Data Reduction→Fator，在"Factor Analysis"对话框中左边的原始

变量中，选择将进行因子分析的变量选入 Variables 栏，并选择 KMO and Bartlett's test of sphericity，点击 Continue 按钮确定，得到 KMO 值为 0.514，球形 Bartlett 检验的 $P$ 值为 0.000。KMO 检测值在 0.5~1 之间，球形 Bartlett 检验的 $P$ 值小于 0.05，因此服务育人因子数据适合作因子分析。

其次，本书在因子提取方法中选择主成分分析法。主成分分析法假设变量是因子的纯线性组合。第一成分有最大的方差，后续的成分，其可解释的方差逐个递减。主成分是常用的获取初始因子分析结果法。对服务育人因子评价指标进行标准化处理后所得的总方差分解表，如表 4-4 所示。

表 4-4　服务育人因子评价指标的特征值和累计方差贡献率

| 成分 | 初始特征值 | | | 旋转平方和载入 | | |
|---|---|---|---|---|---|---|
| | 特征值 | 方差贡献率（%） | 累计方差贡献率（%） | 特征值 | 方差贡献率（%） | 累计方差贡献率（%） |
| 1 | 1.980 | 49.499 | 49.499 | 1.696 | 42.407 | 42.407 |
| 2 | 1.085 | 27.113 | 76.612 | 1.368 | 34.205 | 76.612 |
| 3 | 0.604 | 15.100 | 91.712 | — | — | — |
| 4 | 0.332 | 8.288 | 100.000 | — | — | — |

由表 4-4 可以得出服务育人因子指标的特征值、方差贡献率和方差的累计贡献率。根据因子、分析法中特征值大于 1 的原则，选取前两个成分作为主因子，即公共主因子 $F_{11}$、$F_{12}$，这两个公共主因子的方差累计贡献率达 76.612%，大于 70%，说明主因子所包含的信息能够比较充分地解释并提供原始数据所表达的内容，因此，用这两个公共因子来对辅导员开展服务育人因子评估指标进行说明。

2. 服务育人因子评价指标的碎石图

为了便于理解提取公共主因子的过程，需要在 SPSS24.0 软件中输出的公共因子提取碎石图，见图 4-1，在图中纵坐标表示的是不同因子的特征值，横坐标表示的是成分数即因子数。观察图 4-1，可明显地看出，成分数 1~2 的特征值均比较大，且都大于 1，折线比较陡峭，从第二个成分数开始的特征值均比较小，且都小于 1，折线变化比较稳定。所以，在服务育人指标中选取这两个公共主因子来进行分析。

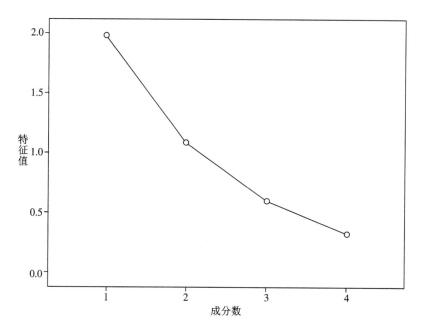

**图 4 - 1　服务育人因子指标的碎石图**

3. 服务育人因子评价指标的因子旋转分析

为了更好地得出服务育人因子评价指标在哪个公共主因子中具有高的载荷，本研究采用的是主成分因子分析法，对因子旋转采用方差最大正交旋转方法。方差最大旋转是一种正交旋转，它可以让每个因子变量具有高载荷，使因子变量的解释和分析得到一部分简化。旋转后的变量矩阵，见表 4 - 5。从表4 - 5中可以得出：第一主因子$F_{11}$主要受变量$X_{11}$、$X_{13}$的影响，载荷分别是 0.920 和 0.793，主要反映开展安全教育情况和学生学习成才辅导情况的影响。第二主因子$F_{12}$主要受变量$X_{14}$、$X_{12}$的影响，载荷分别是 0.933 和0.655，主要反映学生正确择业服务情况和学生健康生活辅导情况的影响。

**表 4 - 5　服务育人因子评价指标旋转后的变量载荷矩阵**

| 变量 | 主因子 | |
|---|---|---|
| | $F_{11}$ | $F_{12}$ |
| 开展安全教育情况$X_{11}$ | 0.920 | −0.052 |
| 学生健康生活辅导情况$X_{12}$ | 0.468 | 0.655 |
| 学生学习成才辅导情况$X_{13}$ | 0.793 | 0.256 |
| 学生正确择业服务情况$X_{14}$ | −0.049 | 0.933 |

4. 服务育人因子评价指标的因子得分系数分析

研究各个变量与各个主因子之间的关系时，可用线性公式来进行分析。

$$F_j = \alpha_{ji} X_i + \alpha_{j(i+1)} X_{i+1} + \alpha_{j(i+2)} X_{i+2} + \cdots + \alpha_{j(i+n-1)} X_{i+n-1} + \alpha_{j(i+n)} X_{i+n}$$

式中 $F_j$ 为主因子；$\alpha_{ji}$ 为主因子在各个变量上的得分系数。

结合表 4-6 服务育人因子评价指标得分系数和标准化变量数据，可计算出各个主因子的得分。各个主因子的得分情况如下：

$$F_{11} = 0.596 Z X_{11} + 0.171 Z X_{12} + 0.455 Z X_{13} - 0.212 Z X_{14}$$

$$F_{12} = -0.219 Z X_{11} + 0.427 Z X_{12} + 0.048 Z X_{13} + 0.747 Z X_{14}$$

表 4-6 服务育人因子评价指标旋转后的变量得分系数矩阵

| 变量 | 主因子 | |
|---|---|---|
| | $F_{11}$ | $F_{12}$ |
| 开展安全教育情况 $X_{11}$ | 0.596 | -0.219 |
| 学生健康生活辅导情况 $X_{12}$ | 0.171 | 0.427 |
| 学生学习成才辅导情况 $X_{13}$ | 0.455 | 0.048 |
| 学生正确择业服务情况 $X_{14}$ | -0.212 | 0.747 |

在计算综合得分时，应给不同的主成分以不同的权数。这些权数一般应由这方面的专家给出，这里我们以这个主成分分析的方差贡献率作为权数，于是得到服务育人因子的计算公式：

$$服务育人因子综合得分 = \frac{49.499}{76.612} F_{11} + \frac{27.113}{76.612} F_{12}$$

由此计算服务育人因子的综合得分，见图 4-2：

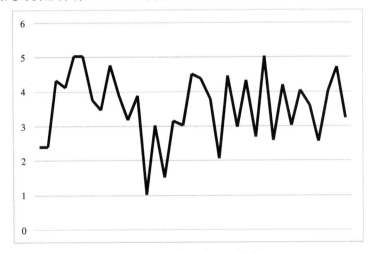

图 4-2 服务育人因子得分

"服务育人的出发点是服务，落脚点是育人，是高等学校育人工作的催化剂和奇兵。"[①] 通过对开展安全教育、学生健康生活辅导、学生学习成才辅导和学生正确择业服务情况的指标测评，从图 4-2 可以看出，服务育人因子得分最低分为 1.007523、最高分是 5.037613，其中大于和等于 3 分的约占 71.4%、小于 3 分的约占 28.6%，反映出辅导员在开展服务育人工作上取得了很大的成效，但也还存在一些差距。服务育人是高校辅导员开展思想政治工作的重要内容，辅导员实施服务育人的理念和方式，应向时代楷模曲建武学习，"为学生解决学习和生活等方方面面的实际困难"，将辅导员的作用最大限度地发挥出来。

### （二）管理育人因子

按照本章建立的辅导员开展大学生思想政治教育质量测评指标体系，根据 481 位专家的打分因子相关变量，可以得到辅导员开展管理育人工作质量的相关情况。

管理育人因子评价指标的 KMO 检测值为 0.592，球形 Bartlett 检验的 $P$ 值为 0.001，适合作因子分析。管理育人因子的分析过程与综合得分的计算与服务育人因子相同，故具体过程略，得出管理育人因子评价指标的特征值和方差贡献率输出结果如表 4-7，碎石图如图 4-3，变量载荷矩阵如表 4-8。

表 4-7　管理育人因子的特征值和累计方差贡献率表

| 成分 | 初始特征值 | | | 旋转平方和载入 | | |
|---|---|---|---|---|---|---|
| | 特征值 | 方差贡献率（%） | 累计方差贡献率（%） | 特征值 | 方差贡献率（%） | 累计方差贡献率（%） |
| 1 | 2.020 | 50.506 | 50.506 | 2.020 | 50.506 | 50.506 |
| 2 | 0.825 | 20.617 | 71.123 | — | — | — |
| 3 | 0.786 | 19.641 | 90.764 | — | — | — |
| 4 | 0.369 | 9.236 | 100.000 | — | — | — |

---

① 田晓明. 高等学校服务育人工作改进研究［D］. 大连：大连理工大学，2010.

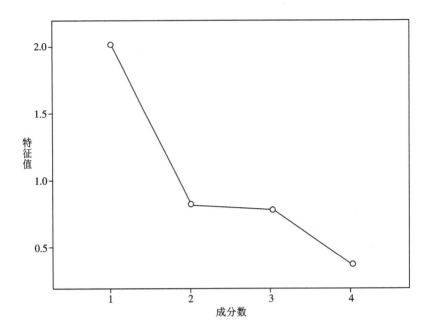

**图 4-3 管理育人因子指标的碎石图**

**表 4-8 管理育人因子评价指标的变量载荷矩阵**

| 变量 | 主因子 |
|---|---|
| | $F_{21}$ |
| 学生遵纪守法情况$X_{21}$ | 0.782 |
| 学生养成良好的道德品质情况$X_{22}$ | 0.804 |
| 学生日常行为文明、规范、有序$X_{23}$ | 0.631 |
| 班级学习氛围和学习风气情况$X_{24}$ | 0.604 |

由表 4-7 可知，第一个主成分的特征值大于 1，图 4-3 中在第二个因子处转折较大，且第一个主成分的累计贡献率已经达到 50.506%，即保留了原有指标 50.506%的信息，这说明第一个因子几乎包含了管理育人因子全部指标的信息，主要反映学生遵纪守法情况。所以，只需选取第一个主成分，并根据表 4-9 得到主成分得分函数为：

$$F_{21}=0.387ZX_{21}+0.398ZX_{22}+0.312ZX_{23}+0.299ZX_{24}$$

表 4‑9　管理育人因子评价指标的变量得分系数矩阵

| 变量 | 主因子 |
|---|---|
| | $F_{21}$ |
| 学生遵纪守法情况$X_{21}$ | 0.387 |
| 学生养成良好的道德品质情况$X_{22}$ | 0.398 |
| 学生日常行为文明、规范、有序$X_{23}$ | 0.312 |
| 班级学习氛围和学习风气情况$X_{24}$ | 0.299 |

再以主成分的方差贡献率作为权数，得到管理育人因子综合得分：

管理育人因子综合得分＝0.50506 $F_{21}$

由此计算管理育人因子的综合得分，见图 4‑4：

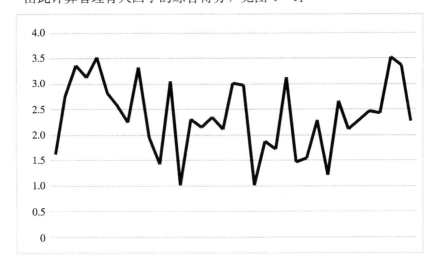

**图 4‑4　管理育人因子得分**

高校辅导员管理育人是指高校辅导员运用计划、组织、指挥、协调和控制等管理手段，以日常管理为育人载体，培养学生良好的行为习惯和思想品德，最终实现立德树人目标的过程。[①] 从图 4‑4 可以看出，管理育人因子得分最低分为 1.00709、最高分是 3.525319，其中大于和等于 3 分的约为 25.7%、小于 3 分的约占 74.3%，这反映了高校辅导员在管理育人工作中取得了成效，在管理过程中对学生的思想品德和行为习惯进行塑造，引导学生树立正确的世界观、人生观、价值观，学生日常行为文明、规范、有序，

---

① 　王馨. 高校辅导员管理育人研究［D］. 上海：华东政法大学，2022.

班级学习氛围浓，学生养成了良好的道德品质。但高校辅导员在管理育人工作中也存在一些问题。由于辅导员处理日常管理工作比较多，"两眼一睁，忙到熄灯"，他们将更多的时间和精力花在日常管理工作，而对育人工作的投入相对少，再加上辅导员在管理工作中的育人素养不高，对管理和育人的关系定位失序，导致辅导员的学生事务管理与思想政治教育分化为两张皮；其次高校管理制度建设相对滞后，导致辅导员管理育人的机制供给不足等诸多问题，因此小于 3 分比例相当大。

### （三）科研育人因子

按照本章建立的辅导员开展大学生思想政治教育质量测评指标体系，根据 481 位专家的打分因子相关变量，可以得到辅导员开展科研育人工作质量的相关情况。

科研育人因子评价指标的 KMO 检测值为 0.436，球形 Bartlett 检验的 $P$ 值为 0.012，适合因子分析法。科研育人因子的分析过程与综合得分的计算也与服务育人因子相同，具体过程略，得出科研育人因子的特征值和方差贡献率输出结果如表 4-10，碎石图如图 4-5，变量载荷矩阵如表 4-11。

表 4-10　科研育人因子的特征值和累计方差贡献率表

| 成分 | 初始特征值 | | | 旋转平方和载入 | | |
| --- | --- | --- | --- | --- | --- | --- |
| | 特征值 | 方差贡献率（%） | 累计方差贡献率（%） | 特征值 | 方差贡献率（%） | 累计方差贡献率（%） |
| 1 | 1.666 | 41.652 | 41.652 | 1.392 | 34.812 | 34.812 |
| 2 | 1.002 | 25.054 | 66.706 | 1.276 | 31.894 | 66.706 |
| 3 | 0.957 | 23.917 | 90.623 | — | — | — |
| 4 | 0.375 | 9.377 | 100.000 | — | — | — |

表 4-11 科研育人因子评价指标的变量载荷矩阵

| 变量 | 主因子 | |
| --- | --- | --- |
| | $F_{31}$ | $F_{32}$ |
| 开展学术道德和学术规范教育情况 $X_{31}$ | 0.256 | 0.743 |
| 学生崇尚科学精神、追求真理、追求新知情况 $X_{32}$ | 0.720 | 0.534 |
| 学生学习习惯养成、创新意识培养情况 $X_{33}$ | 0.880 | −0.149 |
| 学生主持和参与科研项目研究情况 $X_{34}$ | −0.182 | 0.645 |

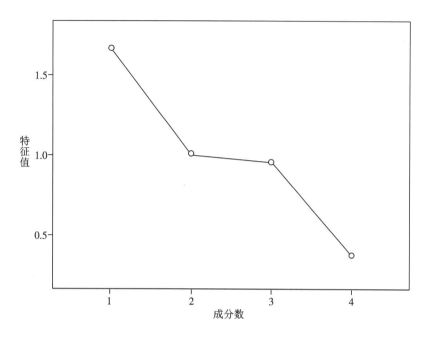

**图 4-5　科研育人因子指标的碎石图**

由表 4-10 可知，第一主成分可以得出科研育人因子指标的特征值、方差贡献率和方差的累计贡献率。根据因子、分析法中特征值大于 1 的原则，选取前两个成分作为主因子，即公共主因子 $F_{31}$、$F_{32}$，第一主因子 $F_{31}$ 主要受变量 $X_{33}$、$X_{32}$ 的影响，载荷分别是 0.880 和 0.720，主要反映学生学习习惯养成、创新意识培养情况和学生崇尚科学精神、追求真理、追求新知情况的影响。第二主因子 $F_{32}$ 主要受变量 $X_{31}$、$X_{34}$ 的影响，载荷分别是 0.743 和 0.645，主要反映开展学术道德和学术规范教育情况及学生主持和参与科研项目研究情况的影响。这两个公共主因子的方差累计贡献率达 66.706%，大于 60%，说明主因子所包含的信息能够比较充分地解释并提供原始数据所表达的内容，所以，只需选取这两个主成分，并根据表 4-12 得到主成分得分函数为：

$$F_{31} = 0.510ZX_{31} + 0.446ZX_{32} + 0.702ZX_{33} - 0.265ZX_{34}$$

$$F_{32} = 0.569ZX_{31} + 0.305ZX_{32} - 0.297ZX_{33} + 0.574ZX_{34}$$

表 4 - 12　科研育人因子评价指标变量得分系数矩阵

| 变量 | 主因子 | |
|---|---|---|
| | $F_{31}$ | $F_{32}$ |
| 开展学术道德和学术规范教育情况 $X_{31}$ | 0.510 | 0.569 |
| 学生崇尚科学精神、追求真理、追求新知情况 $X_{32}$ | 0.446 | 0.305 |
| 学生学习习惯养成、创新意识培养情况 $X_{33}$ | 0.702 | —0.297 |
| 学生主持和参与科研项目研究情况 $X_{34}$ | —0.265 | 0.574 |

根据计算公式，得到科研育人因子综合得分：

$$科研育人因子综合得分 = \frac{41.652}{66.706}F_{31} + \frac{25.054}{66.706}F_{32}$$

由此计算科研因子的综合得分，见图 4 - 6：

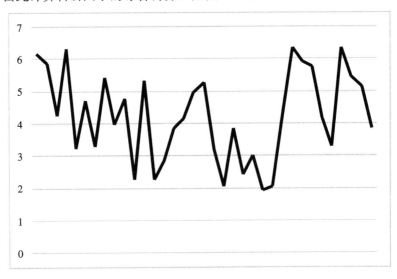

**图 4 - 6　科研育人因子得分**

　　学生成长发展的整个阶段都离不开科研教育，从图 4 - 6 可以看出，科研育人因子得分最低分为 1.934505、最高分是 6.360182，其中大于和等于 3 分的占 80%，科研育人得分总体上呈现上升趋势，可见高校辅导员根据学生的实际成长特征及规律，开展学术道德和学术规范教育，培养了学生学习习惯的养成、崇尚科学精神和创新意识，探索相应的科研育人管理机制卓有成效。但是大学生主持和参与科研项目研究比较少，说明高校辅导员在科研育人工作中也有不足之处，部分高校辅导员缺乏科研能力和科研育人思想，在进行科研活动时只注重自身科研，却忽视了对大学生的科研能力、学术能力的培养，未从学生的日常表现、现实情况出发，开展因人而异的科研育人工作。

### （四）实践育人因子

按照本章建立的辅导员开展大学生思想政治教育质量测评指标体系，根据 481 位专家的打分因子相关变量，可以得到辅导员开展实践育人工作质量的相关情况。

实践育人因子评价指标的 KMO 检测值为 0.354，球形 Bartlett 检验的 $P$ 值为 0.000，适合因子分析法。实践育人因子的分析过程与综合得分的计算也与服务育人因子相同，具体过程略，得出实践育人因子的特征值和方差贡献率输出结果如表 4-13，碎石图如图 4-7，旋转后变量载荷矩阵如表 4-14。

**表 4-13　实践育人因子的特征值和累计方差贡献率表**

| 成分 | 初始特征值 | | | 旋转平方和载入 | | |
|---|---|---|---|---|---|---|
| | 特征值 | 方差贡献率（%） | 累计方差贡献率（%） | 特征值 | 方差贡献率（%） | 累计方差贡献率（%） |
| 1 | 2.104 | 52.597 | 52.597 | 1.742 | 43.557 | 43.557 |
| 2 | 1.026 | 25.654 | 78.251 | 1.388 | 34.694 | 78.251 |
| 3 | 0.728 | 18.209 | 96.460 | —— | —— | —— |
| 4 | 0.142 | 3.540 | 100.000 | —— | —— | —— |

**表 4-14 实践育人因子评价指标旋转后的变量载荷矩阵**

| 变量 | 主因子 | |
|---|---|---|
| | $F_{41}$ | $F_{42}$ |
| 开展大学生暑期"三下乡""志愿服务西部计划"等传统经典项目情况 $X_{41}$ | 0.235 | 0.752 |
| 开展实施"牢记时代使命，书写人生华章"等新时代社会实践精品项目情况 $X_{42}$ | 0.946 | 0.103 |
| 学生开展社会调查、生产劳动、社会公益、志愿服务等社会实践活动情况 $X_{43}$ | 0.888 | 0.210 |
| 开展师生志愿服务评价认证情况 $X_{44}$ | 0.055 | 0.876 |

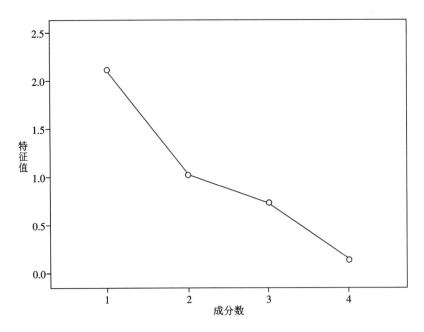

**图 4 - 7　实践育人因子指标的碎石图**

由表 4 - 13 可知，第一主成分可以得出实践育人因子指标的特征值、方差贡献率和方差的累计贡献率。根据因子分析法中特征值大于 1 的原则，选取前两个成分作为主因子，即公共主因子 $F_{41}$、$F_{42}$，第一主因子 $F_{41}$ 主要受变量 $X_{42}$、$X_{43}$ 的影响，载荷分别是 0.946 和 0.888，主要反映开展实施"牢记时代使命，书写人生华章"等新时代社会实践精品项目情况和学生开展社会调查、生产劳动、社会公益、志愿服务等社会实践活动情况的影响。第二主因子 $F_{42}$ 主要受变量 $X_{44}$、$X_{41}$ 的影响，载荷分别是 0.876 和 0.752，主要反映开展师生志愿服务评价认证情况和开展大学生暑期"三下乡""志愿服务西部计划"等传统经典项目情况的影响。这两个公共主因子的方差累计贡献率达 78.251%，大于 70%，说明主因子所包含的信息能够比较充分地解释并提供原始数据所表达的内容，所以，只需选取这两个主成分，并根据表 4 - 15 得到主成分得分函数为：

$$F_{41} = -0.026ZX_{41} + 0.584ZX_{42} + 0.522ZX_{43} - 0.171ZX_{44}$$

$$F_{42} = 0.551ZX_{41} - 0.140ZX_{42} - 0.040ZX_{43} + 0.694ZX_{44}$$

表 4‑15　实践育人因子评价指标旋转后的变量得分系数矩阵

| 变量 | 主因子 | |
|---|---|---|
| | $F_{41}$ | $F_{42}$ |
| 开展大学生暑期"三下乡""志愿服务西部计划"等传统经典项目情况$X_{41}$ | −0.026 | 0.551 |
| 开展实施"牢记时代使命，书写人生华章"等新时代社会实践精品项目情况$X_{42}$ | 0.584 | −0.140 |
| 学生开展社会调查、生产劳动、社会公益、志愿服务等社会实践活动情况$X_{43}$ | 0.522 | −0.040 |
| 开展师生志愿服务评价认证情况$X_{44}$ | −0.171 | 0.694 |

根据计算公式，得到实践育人因子综合得分：

$$实践育人因子综合得分 = \frac{52.597}{78.251}F_{41} + \frac{25.654}{78.251}F_{42}$$

由此计算科研因子的综合得分，见图 4‑8：

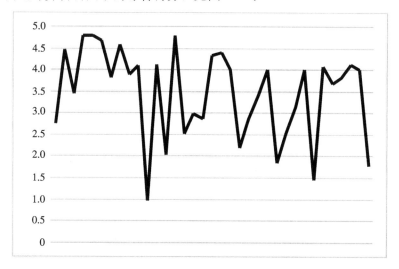

**图 4‑8　实践育人因子得分**

"高校实践育人应该包括实践教育、军事训练、社会实践活动三大块的内容"，[①] 其中军事训练和社会实践活动是辅导员开展实践育人工作的主要

---

① 申纪云．高校实践育人的深度思考［J］．中国高等教育，2012（Z2）：13．

内容。从图 4-8 可以看出，实践育人因子得分最低分为 0.960143、最高分是 4.800717，其中大于和等于 3 分的约占 65.7%，这说明辅导员开展大学生暑期"三下乡""志愿服务西部计划"等传统经典项目、开展实施"牢记时代使命，书写人生华章"等新时代社会实践精品项目取得了一定成效，学生开展社会调查、生产劳动、社会公益、志愿服务等社会实践活动也取得成效。但是从学生实践动手能力、自主创新创业能力和师生志愿服务评价认证来看，情况并不容乐观，小于 3 分的约占 34.3%。这说明高校辅导员不仅要大力开展好传统经典项目、新时代社会实践精品项目，也要积极开展与学生就业创业、与学生创新精神培养和综合素质提升等实践育人活动，发挥实践育人的显性和隐性效应。

### （五）网络育人因子

按照本章建立的辅导员开展大学生思想政治教育质量测评指标体系，根据 481 位专家的打分因子相关变量，可以得到辅导员开展网络育人工作质量的相关情况。

网络育人因子评价指标的 KMO 检测值为 0.657，球形 Bartlett 检验的 $P$ 值为 0.000，适合因子分析法。网络育人因子的分析过程与综合得分的计算也与服务育人因子相同，具体过程略，得出网络育人因子的特征值和方差贡献率输出结果如表 4-16，碎石图如图 4-9，变量载荷矩阵如表 4-17。

表 4-16　网络育人因子的特征值和累计方差贡献率表

| 成分 | 初始特征值 | | | 旋转平方和载入 | | |
|---|---|---|---|---|---|---|
| | 特征值 | 方差贡献率（%） | 累计方差贡献率（%） | 特征值 | 方差贡献率（%） | 累计方差贡献率（%） |
| 1 | 2.118 | 52.960 | 52.960 | 2.118 | 52.960 | 52.960 |
| 2 | 0.939 | 23.476 | 76.436 | — | — | — |
| 3 | 0.582 | 14.550 | 90.986 | — | — | — |
| 4 | 0.361 | 9.014 | 100.000 | — | — | — |

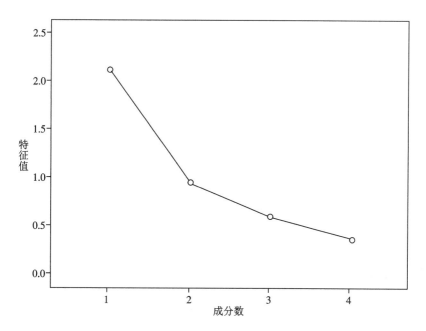

**图 4-9　网络育人因子指标的碎石图**

**表 4-17 网络育人因子评价指标的变量载荷矩阵**

| 变量 | 主因子 |
| --- | --- |
| | $F_{51}$ |
| 开展网络思想政治教育活动情况$X_{51}$ | 0.847 |
| 网络文化建设与管理情况$X_{52}$ | 0.801 |
| 学生在网上能自我教育、自我管理和自我服务情况$X_{53}$ | 0.392 |
| 学生乐于通过网络与辅导员交流及效果良好的情况$X_{54}$ | 0.779 |

由表 4-16 可知，第一个主成分的特征值大于 1，图 4-9 在第二个因子处转折较大，且第一主成分的累计贡献率已经达到 52.960%，说明第一个因子几乎包含了网络育人因子全部指标的信息，主要反映开展网络思想政治教育活动情况。所以，只需选取第一个主成分，并根据表 4-18 得到网络育人因子的主成分得分函数：

$$F_{51} = 0.400ZX_{51} + 0.378ZX_{52} + 0.185ZX_{53} + 0.368ZX_{54}$$

表 4 - 18  网络育人因子评价指标变量得分系数矩阵

| 变量 | 主因子 |
|---|---|
| | $F_{51}$ |
| 开展网络思想政治教育活动情况$X_{51}$ | 0.400 |
| 网络文化建设与管理情况$X_{52}$ | 0.378 |
| 学生在网上能自我教育、自我管理和自我服务情况$X_{53}$ | 0.185 |
| 学生乐于通过网络与辅导员交流及效果良好的情况$X_{54}$ | 0.368 |

再以主成分的方差贡献率作为权数，得到网络育人因子综合得分：

网络育人因子综合得分＝0.52960 $F_{51}$

由此计算的综合得分，见图 4 - 10：

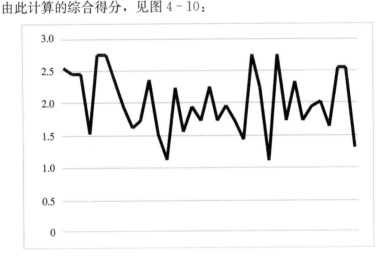

**图 4 - 10  网络育人因子得分**

现在在校大学生是"00 后"的学生，他们被称为"网络原住民"，其主要行为场域和生活空间已经被"一网打尽"，因此辅导员开展网络育人工作是必然要求。通过对开展网络思想政治教育活动，网络文化建设与管理，学生在网上能自我教育、自我管理和自我服务，学生乐于通过网络与辅导员交流及效果指标的测评，从图 4 - 10 可以看出，网络育人因子得分最低分为1.116926、最高分是 2.744917，其中小于 3 分的占 100%，这反映当前网络育人实效不理想。辅导员忙于日常事务性工作，而运用新媒体新技术，加强与学生的思想引领、学习指导、生活辅导、心理咨询、就业指导等网上互动交流不够；没有时间去学习和运用网络平台，无法引导学生创作网络文化作品，弘扬主旋律、传播正能量，使网络思政被边缘化、网络育人优势没有发挥。

**（六）文化育人因子**

按照本章建立的辅导员开展大学生思想政治教育质量测评指标体系，根据 481 位专家的打分因子相关变量，可以得到辅导员开展文化育人工作质量的相关情况。

文化育人因子评价指标的 KMO 检测值为 0.834，球形 Bartlett 检验的 P 值为 0.000，适合因子分析法。文化育人因子的分析过程与综合得分的计算也与服务育人因子相同，具体过程略，得出文化育人因子的特征值和方差贡献率输出结果如表 4-19，碎石图如图 4-11，变量载荷矩阵如表 4-20。

**表 4-19　文化育人因子的特征值和累计方差贡献率表**

| 成分 | 特征值 | 方差贡献率（%） | 累计方差贡献率（%） | 特征值 | 方差贡献率（%） | 累计方差贡献率（%） |
|---|---|---|---|---|---|---|
| 1 | 3.240 | 64.801 | 64.801 | 3.240 | 64.801 | 64.801 |
| 2 | 0.823 | 16.461 | 81.262 | — | — | — |
| 3 | 0.384 | 7.679 | 88.941 | — | — | — |
| 4 | 0.338 | 6.767 | 95.708 | — | — | — |
| 5 | 0.215 | 4.292 | 100.000 | — | — | — |

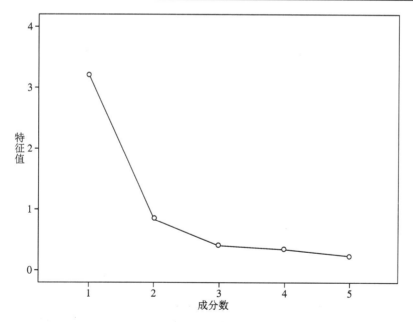

**图 4-11　文化育人因子指标的碎石图**

表 4‑20 文化育人因子评价指标的变量载荷矩阵

| 变量 | 主因子 |
| --- | --- |
| | $F_{61}$ |
| 中华优秀传统文化教育开展情况$X_{61}$ | 0.839 |
| 革命文化教育开展情况$X_{62}$ | 0.889 |
| 社会主义先进文化教育开展情况$X_{63}$ | 0.864 |
| 学生积极践行和弘扬社会主义核心价值观情况$X_{64}$ | 0.850 |
| 学生热爱专业的情况$X_{65}$ | 0.527 |

由表 4‑19 可知，第一个主成分的特征值大于 1，图 4‑11 在第二个因子处转折较大，且第一主成分的累计贡献率已经达到 64.801%，说明第一个因子几乎包含了文化育人因子全部指标的信息，主要反映中华优秀传统文化教育开展情况。所以，只需选取第一个主成分，并根据表 4‑21 得到文化育人因子的主成分得分函数：

$$F_{61}=0.259ZX_{61}+0.274ZX_{62}+0.267ZX_{63}+0.262ZX_{64}+0.163ZX_{65}$$

表 4‑21 文化育人因子评价指标变量得分系数矩阵

| 变量 | 主因子 |
| --- | --- |
| | $F_{61}$ |
| 中华优秀传统文化教育开展情况$X_{61}$ | 0.259 |
| 革命文化教育开展情况$X_{62}$ | 0.274 |
| 社会主义先进文化教育开展情况$X_{63}$ | 0.267 |
| 学生积极践行和弘扬社会主义核心价值观情况$X_{64}$ | 0.262 |
| 学生热爱专业的情况$X_{65}$ | 0.163 |

再以主成分的方差贡献率作为权数，得到文化育人因子综合得分：

文化育人因子综合得分 $=0.64801F_{61}$

由此计算的综合得分，见图 4 - 12：

**图 4 - 12　文化育人因子得分**

辅导员是高校文化育人工作的内容传播者，是文化育人工作的实施者和践行者。通过对中华优秀传统文化教育开展、革命文化教育开展、社会主义先进文化教育开展、学生积极践行和弘扬社会主义核心价值观、学生热爱专业指标的测评，从图 4 - 12 可以看出，文化育人因子得分最低分为 0.632867、最高分是 3.401372，其中小于 3 分的约占 65.7%，这与文化育人的目标要求还是有差距的，原因是辅导员没有充分发挥文化育人作用，工作只是停留于繁杂的事务性劳动，未把培育与践行社会主义核心价值观融入人才培养的全过程，不能让学生在实践中不断深化认识和提高觉悟，学生不能内化为文化自觉和实践自觉，达不到文化育人效果。

**（七）心理育人因子**

按照本章建立的辅导员开展大学生思想政治教育质量测评指标体系，根据 481 位专家的打分因子相关变量，可以得到辅导员开展心理育人工作质量的相关情况。

心理育人因子评价指标的 KMO 检测值为 0.707，球形 Bartlett 检验的 $P$ 值为 0.007，适合因子分析法。心理育人因子的分析过程与综合得分的计算也与服务育人因子相同，具体过程略，得出心理育人因子的特征值和方差贡献率输出结果如表 4 - 22，碎石图如图 4 - 13，变量载荷矩阵如表 4 - 23。

**表 4 - 22 心理育人因子的特征值和累计方差贡献率表**

| 成分 | 初始特征值 | | | 旋转平方和载入 | | |
|---|---|---|---|---|---|---|
| | 特征值 | 方差贡献率（%） | 累计方差贡献率（%） | 特征值 | 方差贡献率（%） | 累计方差贡献率（%） |
| 1 | 1.997 | 49.931 | 49.931 | 1.997 | 49.931 | 49.931 |
| 2 | 0.812 | 20.292 | 70.223 | — | — | — |
| 3 | 0.649 | 16.219 | 86.442 | — | — | — |
| 4 | 0.542 | 13.558 | 100.000 | — | — | — |

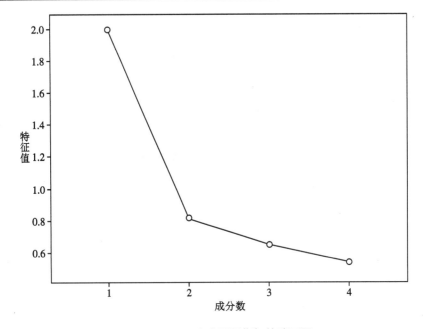

**图 4 - 13 心理育人因子指标的碎石图**

**表 4 - 23 心理育人因子评价指标的变量载荷矩阵**

| 变量 | 主因子 |
|---|---|
| | $F_{71}$ |
| 开展心理健康知识普及宣传活动情况$X_{71}$ | 0.721 |
| 学生心理问题初步排查和疏导情况$X_{72}$ | 0.773 |
| 学生掌握基本心理健康知识情况$X_{73}$ | 0.721 |
| 学生理性平和、乐观向上的健康心态情况$X_{74}$ | 0.600 |

由表 4 - 22 可知，第一个主成分的特征值大于 1，图 4 - 13 在第二个因子处转折较大，且第一主成分的累计贡献率已经达到 49.931%，说明第一个因子几乎包含了心理育人因子指标的信息，主要反映开展心理健康知识普及宣传活动情况。所以，只需选取第一个主成分，并根据表 4 - 24 得到心理育人因子的主成分得分函数：

$$F_{71} = 0.361ZX_{71} + 0.387ZX_{72} + 0.361ZX_{73} + 0.301ZX_{74}$$

**表 4 - 24　心理育人因子评价指标变量得分系数矩阵**

| 变量 | 主因子 |
|---|---|
|  | $F_{71}$ |
| 开展心理健康知识普及宣传活动情况 $X_{71}$ | 0.361 |
| 学生心理问题初步排查和疏导情况 $X_{72}$ | 0.387 |
| 学生掌握基本心理健康知识情况 $X_{73}$ | 0.361 |
| 学生理性平和、乐观向上的健康心态情况 $X_{74}$ | 0.301 |

再以主成分的方差贡献率作为权数，得到心理育人因子综合得分：

心理育人因子综合得分 = 0.49931 $F_{71}$

由此计算的综合得分，见图 4 - 14：

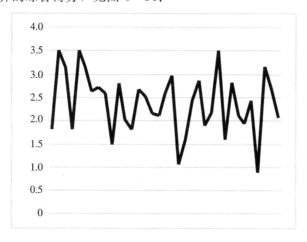

**图 4 - 14　心理育人因子得分**

心理育人是辅导员工作的职责和内容，契合大学生身心和谐发展的需要。通过对开展心理健康知识普及宣传活动、学生心理问题初步排查和疏导、学生掌握基本心理健康知识、学生理性平和与乐观向上的健康心态指标的测评，从图 4 - 14 可看出，心理育人因子得分最低分为 0.884278、最高分是 3.520136，其中小于 3 分的约占 82.9%，反映出辅导员在开展心理育人工作的成效不大，对大学生心理健康教育工作认识不足，对待大学生的心理困惑和心理问题，只是停留在通过借助心理咨询解决一时心理问题，只是关注表面的外在刺激，只是治标不治本这一层面上，并未从根本上解决大学生心理问题，这与党和国家提出心理健康教育的核心目标和主要任务还存在较大的差距。

## （八）资助育人因子

按照本章建立的辅导员开展大学生思想政治教育质量测评指标体系，根据 481 位专家的打分因子相关变量，可以得到辅导员开展资助育人工作质量的相关情况。

资助育人因子评价指标的 KMO 检测值为 0.721，球形 Bartlett 检验的 $P$ 值为 0.001，适合因子分析法。资助育人因子的分析过程与综合得分的计算也与服务育人因子相同，具体过程略，得出资助育人因子的特征值和方差贡献率输出结果如表 4-25，碎石图如图 4-15，变量载荷矩阵如表 4-26。

表 4-25　资助育人因子的特征值和累计方差贡献率表

| 成分 | 初始特征值 | | | 旋转平方和载入 | | |
|---|---|---|---|---|---|---|
| | 特征值 | 方差<br>贡献率（%） | 累计方差<br>贡献率（%） | 特征值 | 方差<br>贡献率（%） | 累计方差<br>贡献率（%） |
| 1 | 2.283 | 45.659 | 45.659 | 1.946 | 38.916 | 38.916 |
| 2 | 1.039 | 20.781 | 66.441 | 1.376 | 27.525 | 66.441 |
| 3 | 0.682 | 13.645 | 80.085 | — | — | — |
| 4 | 0.572 | 11.444 | 91.529 | — | — | — |
| 5 | 0.424 | 8.471 | 100.000 | — | — | — |

表 4-26　资助育人因子评价指标的变量载荷矩阵

| 变量 | 主因子 | |
|---|---|---|
| | $F_{81}$ | $F_{82}$ |
| 开展诚信教育和金融常识教育情况 $X_{81}$ | 0.754 | −0.010 |
| 开展励志教育和感恩教育情况 $X_{82}$ | 0.799 | 0.046 |
| 开展大学生职业生涯和就业思想政治教育情况 $X_{83}$ | 0.716 | 0.421 |
| 家庭经济困难学生精准认定及奖助学金评定情况 $X_{84}$ | 0.467 | 0.638 |
| 学生开展勤工俭学活动 $X_{85}$ | −0.086 | 0.888 |

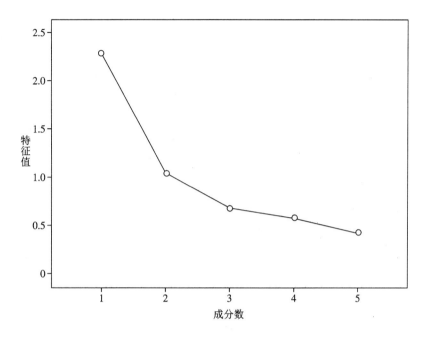

**图 4 - 15　资助育人因子指标的碎石图**

由表 4 - 25 可知，第一主成分可以得出资助育人因子指标的特征值、方差贡献率和方差的累计贡献率。根据因子分析法中特征值大于 1 的原则，选取前两个成分作为主因子，即公共主因子 $F_{81}$、$F_{82}$，第一主因子 $F_{81}$ 主要受变量 $X_{82}$、$X_{81}$ 的影响，载荷分别是 0.799 和 0.754，主要反映开展励志教育和感恩教育情况与开展诚信教育和金融常识教育情况的影响。第二主因子 $F_{82}$ 主要受变量 $X_{85}$、$X_{84}$ 的影响，载荷分别是 0.888 和 0.638，主要反映学生开展勤工俭学活动和家庭经济困难学生精准认定及奖助学金评定情况的影响。这两个公共主因子的方差累计贡献率达 66.441%，大于 60%，说明主因子所包含的信息能够比较充分地解释并提供原始数据所表达的内容，所以，只需选取这两个主成分，并根据表 4 - 27 得到主成分得分函数为：

$$F_{81} = 0.440ZX_{81} + 0.453ZX_{82} + 0.317ZX_{83} + 0.122ZX_{84} - 0.257ZX_{85}$$

$$F_{82} = -0.184ZX_{81} - 0.149ZX_{82} + 0.178ZX_{83} + 0.415ZX_{84} + 0.749Z$$

$$X_{85}$$

表 4 - 27　资助育人因子评价指标变量得分系数矩阵

| 变量 | 主因子 | |
|---|---|---|
| | $F_{81}$ | $F_{82}$ |
| 开展诚信教育和金融常识教育情况$X_{81}$ | 0.440 | −0.184 |
| 开展励志教育和感恩教育情况$X_{82}$ | 0.453 | −0.149 |
| 开展大学生职业生涯和就业思想政治教育情况$X_{83}$ | 0.317 | 0.178 |
| 家庭经济困难学生精准认定及奖助学金评定情况$X_{84}$ | 0.122 | 0.415 |
| 学生开展勤工俭学活动$X_{85}$ | −0.257 | 0.749 |

根据计算公式，得到科研育人因子综合得分：

$$科研育人因子综合得分 = \frac{45.659}{66.440}F_{81} + \frac{20.781}{66.440}F_{82}$$

由此计算资助因子的综合得分，见图 4 - 16：

**图 4 - 16　资助育人因子得分**

　　资助育人工作是辅导员工作的重要内容，辅导员也是高校资助育人工作的主要实施者。从图 4 - 16 可以看出，481 位专家在资助育人因子得分最低分为 1.837411、最高分是 5.271783，其中大于和等于 3 分的约占 82.9%，资助育人得分总体上比较高。辅导员在开展诚信教育和金融常识教育、开展励志教育和感恩教育、开展大学生职业生涯和就业思想政治教育、家庭经济困难学生精准认定及奖助学金评定和开展学生勤工俭学活动等已初步取得一定的成效。辅导员开展资助育人工作不但要从经济上帮助家庭经济困难学生，而且要加强家庭经济困难学生的思想政治教育，但是个别辅导员只重视经济助困，却忽视精神扶志，未能激励学生自立求学，没有充分发挥资助之育人功能，导致资助育人工作出现虎头蛇尾的情况。

### (九) 组织育人因子

按照本章建立的辅导员开展大学生思想政治教育质量测评指标体系，根据 481 位专家的打分因子相关变量，可以得到辅导员开展组织育人工作质量的相关情况。

组织育人因子评价指标的 KMO 检测值为 0.714，球形 Bartlett 检验的 $P$ 值为 0.000，适合因子分析法。组织育人因子的分析过程与综合得分的计算也与服务育人因子相同，具体过程略，得出组织育人因子的特征值和方差贡献率输出结果如表 4-28，碎石图如图 4-17，变量载荷矩阵如表 4-29。

**表 4-28　组织育人因子的特征值和累计方差贡献率表**

| 成分 | 初始特征值 | | | 旋转平方和载入 | | |
|---|---|---|---|---|---|---|
| | 特征值 | 方差贡献率（%） | 累计方差贡献率（%） | 特征值 | 方差贡献率（%） | 累计方差贡献率（%） |
| 1 | 2.325 | 58.136 | 58.136 | 2.325 | 58.136 | 58.136 |
| 2 | 0.770 | 19.262 | 77.398 | — | — | — |
| 3 | 0.561 | 14.033 | 91.431 | — | — | — |
| 4 | 0.343 | 8.569 | 100.000 | — | — | — |

**表 4-29　组织育人因子评价指标的变量载荷矩阵**

| 变量 | 主因子 |
|---|---|
| | $F_{91}$ |
| 班团组织及其他学生组织机构健全、工作规范等情况 $X_{91}$ | 0.784 |
| 学生团员发展和教育管理情况 $X_{92}$ | 0.877 |
| 学生入党积极分子培养、党员发展和教育管理情况 $X_{93}$ | 0.694 |
| 学生骨干的遴选、培养、激励情况 $X_{94}$ | 0.678 |

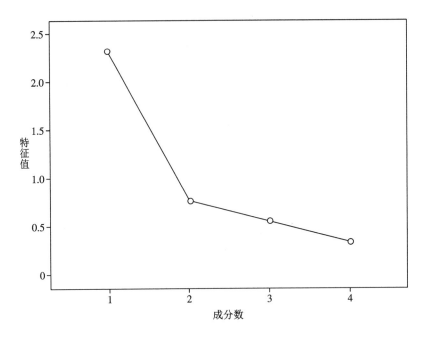

图4-17 组织育人因子指标的碎石图

  由表4-28可知，第一个主成分的特征值大于1，图4-17在第二个因子处转折较大，且第一主成分的累计贡献率已经达到58.136%，说明第一个因子几乎包含了组织育人因子全部指标的信息，主要反映学生团员发展和教育管理情况。所以，只需选取第一个主成分，并根据表4-30得到组织育人因子的主成分得分函数：

$$F_{91} = 0.377ZX_{91} + 0.377ZX_{92} + 0.299ZX_{93} + 0.292ZX_{94}$$

表4-30 组织育人因子评价指标变量得分系数矩阵

| 变量 | 主因子 |
|---|---|
| | $F_{91}$ |
| 班团组织及其他学生组织机构健全、工作规范等情况$X_{91}$ | 0.377 |
| 学生团员发展和教育管理情况$X_{92}$ | 0.377 |
| 学生入党积极分子培养、党员发展和教育管理情况$X_{93}$ | 0.299 |
| 学生骨干的遴选、培养、激励情况$X_{94}$ | 0.292 |

再以主成分的方差贡献率作为权数，得到组织育人因子综合得分：

组织育人因子综合得分＝0.58136 $F_{91}$

由此计算的综合得分，见图 4－18：

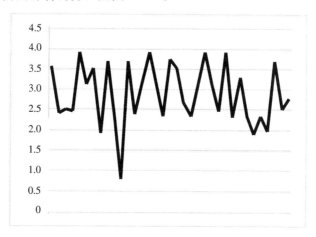

**图 4－18　组织育人因子得分**

《高校思想政治工作质量提升工程实施纲要》对组织育人的基本任务、主要内容、功能定位和目标指向都作出了明确的界定。《高等学校辅导员职业能力标准（暂行）》对党团和班级建设的职业能力标准也作出了具体的规定。通过对班团组织及其他学生组织机构健全和工作规范情况、学生团员发展和教育管理情况、学生入党积极分子培养及党员发展和教育管理情况、学生骨干的遴选和培养及激励情况的指标测评，从图 4－18 可以看出，481 位专家在组织育人因子得分最低分为 0.781929、最高分是 3.909646，其中小于 3 分的约占 51.4%，育人效果不尽如人意。辅导员在开展组织育人具体实践中，组织育人内容、载体、形式缺乏创新和优化，依然存在理论学习和引领的深度、广度不够的问题，学生干部的功利性强，难以达到引导学生树立正确政治信仰的目的。

## 二、测评指数得分情况

利用上述系统得分模型计算出辅导员开展大学生思想政治教育质量测评的综合得分，结果见表 4－31：

表 4-31　辅导员开展大学生思想政治教育质量测评指数评价得分

| 研究变量 | 最高分 | 最低分 | 平均分 |
|---|---|---|---|
| 科研育人 | 6.360 | 2.056 | 4.235 |
| 实践育人 | 4.801 | 0.960 | 3.469 |
| 文化育人 | 3.401 | 0.632 | 2.441 |
| 网络育人 | 2.745 | 1.117 | 2.007 |
| 心理育人 | 3.520 | 0.884 | 2.380 |
| 组织育人 | 3.910 | 0.782 | 2.881 |
| 管理育人 | 3.525 | 1.007 | 2.374 |
| 服务育人 | 5.038 | 1.517 | 3.550 |
| 资助育人 | 5.272 | 1.837 | 3.731 |

高校辅导员开展大学生思想政治教育质量测评是辅导员在繁杂的日常思想政治教育工作中培养大学生综合素质集中体现。根据表 4-31 的综合得分可以看出，辅导员思想政治教育工作开展得比较好，也达到了一定的育人效果。但从 481 份问卷测评的综合得分来看，在"九大"育人指标中，平均分达到 3 分的只有科研育人、实践育人、服务育人、资助育人，而另外五项的平均得分均低于 3 分。对标高等教育目标，辅导员开展大学生思想政治教育还存在一些差距，需进一步凝练细化辅导员的育人指向和职责。

### 三、测评结果的分析

高校辅导员开展思想政治教育质量测评是衡量大学生思想政治素质的关键环节，是辅导员落实立德树人根本任务的重要举措，是探求辅导员思想政治教育工作问题及对策的重要手段，也是推进辅导员育人长效机制建设的重要途径。面对时代发展、学生的发展特点以及测评体系科学性和动态性的要求。我们只有坚持理论分析与实证研究相结合，综合运用文献综述、问卷调查、统计分析等方法，解剖辅导员开展思想政治教育质量测评的理论结构和实证结构，才能构建起合理的测评指标体系，得到科学的测评结论。新时代高校辅导员开展思想政治教育质量测评体系有 9 项一级指标、38 项二级指标，该指标体系具有鲜明的时代特点，符合高校思想政治评价工作和大学生发展需要，是高校思想政治评价工作由随意性走向科学化、由临时性走向规范化的关键步骤，也是新时代辅导员开展思想政治教育质量测评必须解决的老大难问题。

　　各高校可根据上述建构的测评模型，对于三级指标、四级指标的增减而进行相应适配，可以在测评时按照以上模型从最底层的指标开始计算指标隶属矩阵，测算指标权重，也可以适度调整评判等级，具有较强的灵活性和操作性，既可以在辅导员开展思想政治教育质量测评时使用，也可在各子体系运行过程中独立使用，能得到相应科学客观准确的测评结果。由于不同高校目前的辅导员开展思想政治教育质量测评工作体系建构基础、资源和进度有所区别，不同层次的高校需要结合自身发展水平和质量标准导向，遵循测评原则而设定更为精细的测评指标。

# 第五章

# 高校辅导员开展思想政治教育质量测评的优化对策

高校辅导员开展思想政治教育质量测评是衡量大学生思想政治素质的关键环节，是辅导员落实立德树人根本任务的重要举措，是探求辅导员思想政治教育工作问题及对策的重要手段，也是推进辅导员育人长效机制建设的重要途径。面对时代发展、学生的发展特点以及测评体系科学性和动态性的要求，只有积极探索测评的优化对策，不断地完善和改进我国高校辅导员开展思想政治教育质量测评体系，才能开创高校辅导员思想政治教育工作的新局面。

## 第一节  强化高校辅导员开展思想
## 政治教育的质量测评理念

高校辅导员是开展大学生思想政治教育工作的主要力量，其工作质量和效果直接关系到学生的成长和发展。为了提高辅导员的工作水平，确保思想政治教育的有效实施，本节将从国家引领方向、高校党委主抓、学生工作部（处）执行落实、辅导员提高认识四个方面，阐述强化高校辅导员开展思想政治教育的质量测评理念。

### 一、国家引领方向

培养什么人，是教育的首要问题。2020 年 10 月，中共中央、国务院发布了《深化新时代教育评价改革总体方案》。这是新中国成立以来第一份关于教育评价改革的系统性文件，是指导当前和今后一个时期深化教育评价改革的纲领性文件。文件指出，教育评价事关教育发展方向，有什么样的评价指挥棒，就有什么样的办学导向。各类高校都要坚持正确的政治导向，依据国家的政治要求进行人才培养，高校辅导员思想政治教育亦是如此。要始终坚持党对高校的绝对领导、坚持党对思想政治教育的全面领导，坚持马克思主义在高校意识形态领域的话语权，为国家培养德才兼备的合格人才。高校要深刻解读党中央关于《高校思想政治工作质量提升工程实施纲要》和《深化新时代教育评价改革总体方案》等相关文件与教育政策，通过国家相关政策指引及国家对思想政治的教育要求来设计高校辅导员思想政治教育质量测评的相关工作规划，充分发挥育人功能，将"立德"与"树人"落细落实，夯实高校办学的社会主义方向。在新时代新征程中，当前高校辅导员开展思想政治教育工作时还要以党的二十大精神为指导，全体辅导员都要深入学习和领会党的最新理论创新成果，并将其融入思想政治教育中，不断增强对立德树人的理念认知。

## 二、高校党委主抓

习近平总书记指出："高校党委对学校工作实行全面领导，承担管党治党、办学治校主体责任，把方向、管大局、作决策、保落实。"① 中共中央、国务院印发的《深化新时代教育评价改革总体方案》强调，各级党委要认真落实领导责任，建立健全党委统一领导、党政齐抓共管、部门各负其责的教育领导体制，履行好把方向、管大局、作决策、保落实的职责，把思想政治工作作为学校各项工作的生命线紧紧抓在手上，贯穿学校教育管理全过程，牢固树立科学的教育发展理念，坚决克服短视行为、功利化倾向。高校党委在思想政治工作中的力量至关重要，起着把握方向的作用。高校党政部门应该发挥顶层设计作用，积极承担起培养德才兼备的学生的责任，从国家全局和社会整体的角度出发，再次强调辅导员开展大学生思想政治教育质量测评的重要性，在学校层面构建科学的辅导员思想政治教育质量测评体系。做好高校思想政治教育工作顶层设计，完善测评体制机制，充分激发教育事业发

---

① 习近平．习近平谈治国理政：第 2 卷［M］．北京：外文出版社，2017：379．

展生机活力。因此，高校党委要发挥领导核心作用，增强政治意识、贯彻党的教育方针，根据国家要求和学校自身实际，带领相关职能部门以及各院系的领导与辅导员深入学习党和国家关于高校思想政治工作的政策文件、习近平总书记关于教育的重要论述及相关重要讲话精神，激发全体辅导员对思想政治教育工作的深入思考，沉思新时代高校人才培养的逻辑，做到人才培养方向与基本要求始终与国家发展要求保持一致。

## 三、学生工作部（处）执行落实

《普通高等学校辅导员队伍建设规定》提出："对辅导员的考核评价应由学生工作部门牵头，组织人事部门、院（系）党委（党总支）和学生共同参与。"学生工作部门牵头负责辅导员的培养、培训和考核等工作，同时要与院（系）党委（党总支）共同做好辅导员日常管理工作，对辅导员开展思想政治教育质量测评工作有着不可推卸的职责，它推进质量测评的实践情况直接影响着学校思想政治教育改革的整体效果。因此，学生工作部（处）要抓好辅导员开展思想政治教育质量测评的具体实施工作。根据调查结果，目前各高校对辅导员的培养、培训和考核等工作虽然都有进行，但这些考核方式在理论和实践上都存在明显的缺陷。例如，没有单独针对高校辅导员开展思想政治教育质量测评考核，目前的测评存在单向化、功利化、简单化、片面化、短期化的倾向等。在测评向度上，通常采用"自上而下"的测评方式，由上级制定统一的年度考核方案，对所有学科辅导员进行不加区分的测评，这种方式不仅效果不佳，而且有失公平。在测评过程中，学生工作部（处）还存在应付式测评、人情式测评、关系化测评等问题，导致测评结果无法达到预期目标，出现了"名实不符"的优秀现象，浪费大量的人力、物力和财力。此外，很多测评主体与测评对象都注重短期效益，而忽略了长远发展，导致测评目标未能实现"以评促管、以评促改、以评促优"的目的，而是单纯地为了测评而测评。在评价主体上，目前高校辅导员开展思想政治教育质量测评往往以上级领导、学生工作部（处）作为主要评价主体，而忽视了辅导员和学生这一开展思想政治教育的真正主体。这种测评理念和模式很难取得真正意义上的测评效果，不符合思想政治教育的发展规律，不利于辅导员的成长，难以实现促进辅导员和学生发展的测评目的。因此，学生工作部

（处）必须高度重视当前高校辅导员开展思想政治教育质量测评的问题，必须构建新型的测评理念和测评体系，并且执行到位。

## 四、辅导员提高认识

辅导员是开展大学生思想政治教育的骨干力量，是高等学校学生日常思想政治教育和管理工作的组织者、实施者、指导者。在高等教育中，辅导员作为学生工作的核心力量，对于学生的成长和发展起着至关重要的作用。开展辅导员思想政治教育质量测评是辅导员开展思想政治教育的一个重要环节，是整个大学生思想政治教育过程的有机组成部分，对辅导员工作具有导向和调整、鉴定和诊断、激励和激发功能。但从调查的 481 份问卷测评的综合得分来看，辅导员开展大学生思想政治教育的目标与现状之间还存在一些差距。在"九大"育人指标中，有五项的平均得分均低于 3 分，说明许多辅导员当前的测评观念还较为滞后，对测评的目的理解不清，思想政治教育工作并未朝着更好、更有效的方向发展，而是停留于终结性评价和诊断性评价的层面，过分注重结果考核。他们仅仅关注每年考核成绩（质量考核是最低标准，数量考核是重点）与个人晋升、奖励和福利待遇等切身利益的关系，将其作为晋升的依据。这从客观上导致对辅导员开展思想政治教育效果评价没有成为具有教育意义、激发辅导员工作活力的手段和目的。频繁的测评反而可能会在某种程度上抑制辅导员工作的积极性和主动性，测评工作也可能流于形式。因此，辅导员需要提高对质量测评的认识，才能更好地履行辅导员的职责，提高工作效率和质量，促进学生的全面发展和成长。

综上所述，强化高校辅导员开展思想政治教育的质量测评理念是提高大学生思想政治教育工作的重要保障。只有坚持国家引领方向、高校党委主抓、学生工作部（处）执行落实、辅导员提高认识的理念，才能更好地指导高校辅导员开展工作，推动大学生思想政治教育工作的持续发展。

# 第二节 优化高校辅导员开展思想 政治教育的质量测评机制

制度和机制带有根本性、全局性、稳定性和长期性的特点，高校辅导员开展思想政治教育质量测评的深入开展必须依赖于制度和机制的建立与完善。因此，构建高校辅导员开展思想政治教育质量测评的有效机制是十分必要的。

## 一、构建多元化的测评主体机制

多元化的测评成为趋势，这体现在高校辅导员开展思想政治教育各项工作中。除了传统的学工部测评外，相关部门可以引入学生测评、同伴互测等方式。2017 年，中共教育部党组关于印发《高校思想政治工作质量提升工程实施纲要》的通知中明确指出："健全高校思想政治工作质量评价机制，研究制定高校思想政治工作评价指标体系，创新评价方式，探索引进第三方评价机构。"加强第三方评价机构和评价方式的完善发展，是未来开展质量评价工作的重要方式。多元化的测评主体能够从多角度出发，全面、准确地反映辅导员的思想政治教育效果。

### （一）理顺辅导员开展思想政治教育质量测评中存在的多对关系

在辅导员开展思想政治教育质量测评时，存在多对需要理顺的关系，这些关系理顺后才能确保测评的准确性和有效性。一是高校辅导员开展思想政治教育质量测评有科研育人、实践育人、文化育人等 9 个一级指标和 38 个二级指标，如何平衡和确定不同育人指标权重比例需依据高校战略定位而确定。二是调查得知，以往的辅导员工作考核中，考核主体主要是学工部，辅导员是受考核的对象，处于被动地位，对考核的过程不清楚，测评中没有注意过程评价与结果评价的关系。因此，通过过程评价和结果评价，可以更全面地了解思想政治教育的效果。三是由于缺乏学生的坦诚参与，测评结果往往无法准确反映思想政治教育中出现的问题，导致测评的引导、激励、教育及调节功能无法充分发挥。同时，由于缺乏学生的积极参与，对于指标体系中许多难以完全量化、主观性较强的测评要素难于作出客观评判，使得测评结果受到测评工作人员主观因素的影响，影响测评结果的可信度。四是由于每个学生都有不同的背景、需求和特点，他们在思想政治教育中的表现也有所不同。因此，在质量测评中，应关注个体差异和整体效果的关系，通过分析和比较不同学生的表现，找出共性和差异，为每个学生提供有针对性的指导和支持。五是质量测评要处理好测评与改进的关系。质量测评不仅是为了了解思想政治教育的现状，更重要的是发现问题并采取改进措施。辅导员应通过分析测评结果，找出教育中存在的问题和不足之处，制定相应的改进方案，以提高思想政治教育的质量和效果。总之，高校辅导员开展思想政治教育质量测评存在着指标权重关系、过程评价和结果评价的关系、个体差异和整体效果的关系、测评与改进的关系等多对关系，理顺这些关系是确保测评准确性和有效性的关键。

### （二）落实辅导员开展思想政治教育质量测评的主体责任

要让辅导员开展思想政治教育质量测评见实效，高校就必须形成党委主抓、各二级学院推进、学生工作部（处）执行落实的贯通联动的自上而下、职责分明的测评机制。高校党委从思想意识上和实际行动上要高度重视辅导员开展思想政治教育质量测评的主体责任落实，细化相关部门责任清单，各育人主体要主动认领责任，确保开展辅导员思想政治教育质量测评执行有力、取得成效。一要成立由学校党委有关负责人、纪委、各二级学院书记、学生工作、组织人事、教学科研部门负责人、相关学科专家等人员组成的测评工作领导小组。其中党委书记要当好"领头雁"，对改革试点、提升辅导员开展思想政治教育质量测评的重点任务和重大问题要亲自部署协调、严格监管。二要测评工作领导小组要对辅导员开展思想政治教育质量测评标准、指标体系等方面制定好测评方案和制度，并且细化各部门的分工任务，明确职责。同时，学工部（处）负责统筹工作方案的具体实施、科学指导、专业咨询、跟踪督查与实效评估，对具体开展的测评等方面要分管负责、执行到位；各二级学院书记要引导和推进测评工作开展；纪委要监督好测评工作；其他各部门共同协助测评工作的开展，促使辅导员开展思想政治教育质量测评落在实处、发挥测评作用。

### （三）消除体制机制障碍，营造有利于多元化测评的良好氛围和环境

建立科学合理的体制机制有助于推动事物的良性发展，而创新体制机制则是推动高校辅导员开展思想政治教育质量测评的关键性、全局性和长期性任务。为了实现多元化的测评，我们必须打破各种评价壁垒，形成良好的评价秩序。首先，各高校应整合涉及多元化测评的各个主体业务部门，推动各校和各部门之间的合作与交流，制定出更加有利于对辅导员人才队伍进行多元化测评的制度和方案。其次，各学校要以多元化的评价为导向，尊重学生成长和发展规律，结合学校的传统和优势特色，对人才的多元化评价中应注重创新质量和贡献；要始终把高校辅导员人才队伍建设摆在重要的位置，尊重辅导员思政育人的核心地位，积极营造有利于辅导员成长的良好环境，激发辅导员的热情、积极性、主动性。最后，建立健全有利于高校辅导员人才多元化评价的制度环境。各高校应深入和完善与多元化评价相关的制度，建立和完善测评回避制度、举报制度、公示制度、反馈制度等，以确保测评活动有序进行；优化以随机、回避、轮换为基础的专家遴选制度，并不断完善以同行专家评价为主的评价机制。此外，还需不断优化测评流程制度，以切实减轻辅导员的负担，使他们能够从繁琐的考评中解脱出来。

总之，只有理顺质量测评中存在的多对关系、落实质量测评的主体责任、破除体制机制障碍和营造多元化测评的良好环境，才能构建多元化的测评主体机制，高校辅导员开展思想政治教育的质量测评的顺利开展才会更有保障。

## 二、构建规范的管理机制

科学的评估和管理机制既是检验辅导员开展思想政治教育效果的有效形式，也是激励辅导员更好地开展思想政治教育的重要手段。高校辅导员开展大学生思想政治教育质量测评需要从加强专业化的测评队伍建设、规范测评程序、提高测评体系实施管理体制的严密性方面构建规范的管理机制。

### （一）加强专业化的测评队伍建设

建立一支专业化的测评队伍是顺利推进高校辅导员开展大学生思想政治教育质量测评的关键点，也是保证测评质量的关键。当前有的高校对测评没有正确的认识，测评只是形式，走一下过场；有的学校甚至没有专业化的测

评队伍，每次测评队伍都是随便找几个缺乏测评技能和实践经验的部门人员组成，导致测评结果没有公信力；还有少数学校对于如何开展、实施辅导员思想政治教育质量测评并不具有足够的理论以及实践能力。因此，学校应加强专业化的测评队伍建设，加强对测评队伍的培训和管理，提高测评人员的专业素养和测评能力，确保测评工作的科学性和公正性，激发辅导员开展思想政治教育的内在驱动力。

**（二）规范测评程序**

无规矩不成方圆。测评工作只有严格按照测评办法的程序和步骤实施，才能做到公开、公平、公正，确保测评结果的有效性。一是高校应定期开展测评活动，可以设置每个月一次或每学年四次的测评，以便更好地跟踪和反馈辅导员工作的表现。二是要在党的领导下，建立健全辅导员开展思想政治教育质量测评组织管理体系。学校党委、学工部门以及社会中介机构要将在质量测评体系建设测评中所发现的问题和矛盾、作出的评价、提出的意见和建议等，及时、准确、客观地反馈给相关职能部门及辅导员，以便他们根据反馈信息，及时采取应对策略，确保辅导员开展思想政治教育工作的有效性和指导性。三是测评工作必须严格遵循测评办法的程序和步骤，以确保公开、公平、公正，并确保测评结果的有效性。测评结果将最终进行全校公示，直到无人再提出疑问。测评人员、测评过程和测评结果需要公开化，并接受其他学生的监督。客观部分的测评结果需按照相应的公式和模式进行规范，以杜绝徇私舞弊和弄虚作假，确保公平。对于初次采用质量测评的单位，可以在一定范围内进行一定时间的试运行，观察其效果和影响，然后针对出现的问题进行调整和整合，待调整至较为合适后再进行广泛推广，最终以文件形式发布确认实施。访谈得知，少数高校由于测评过程和结果没有透明化，导致测评过程的不规范，经常出现弄虚作假等现象，从而导致测评的结果不公平。为了保证测评结果的科学化，就需要将辅导员开展大学生思想政治教育质量测评过程和结果透明化，学校应该选派学校纪委人员、组织一些学生代表和辅导员对辅导员开展大学生思想政治教育质量测评的过程进行监督，一旦发现在测评过程中出现不公平事件，要进行严肃的处理。同时，对辅导员开展大学生思想政治教育质量测评的结果要进行及时的公开，接受全体辅导员和学生的建议和质疑，对于其中有问题的地方要进行审核与调查，保证辅导员开展大学生思想政治教育质量测评结果的准确性和科学性。

### （三）提高测评体系实施管理体制的严密性

科学有效地开展辅导员思想政治教育质量测评工作，首先应建立独立的测评机构或委员会。这个机构或委员会应该由具有专业知识和经验丰富的人员组成，并且能够独立、客观地实施测评工作。这样可以避免内部干扰和影响，提高管理体制的严密性。其次，加强对测评结果保密性的管控是严密性的重要措施，确保只有获得授权的人员才能访问和查看测评结果，以防止信息泄露对被测评对象造成不利影响。同时，对测评数据的处理和使用也需要遵守相关的法规和规定。另外，对测评过程进行监督也是提高管理体制严密性的重要环节，该监督机制应该包括对测评机构和人员的监督、对测评标准执行情况的监督等。通过实施监督可以及时发现并纠正存在的问题，确保测评工作的公正性和透明度。

综上所述，为了提高测评体系实施管理体制的严密性，我们需要从多个方面入手，其中包括设立独立的测评机构、建立保密制度和监督机制等。这些措施有助于确保测评工作的公正性和透明度，使管理体制更加严谨，从而为辅导员开展思想政治教育的质量测评提供有力的保障。

## 三、构建测评体系的经验推广机制

思想政治教育是一个长期而复杂的过程，因此高校辅导员开展思想政治教育质量测评体系的建设既是一项长期而繁重的历史任务，也是一个结合实际、不断探索的长期过程，需要全体参与的主体不断改进和完善，着力构建测评体系的经验推广机制。

### （一）挖掘和宣传典型及先进经验

辅导员开展大学生思想政治教育质量测评不仅要积极探索测评的新领域、新方式、新途径，还要认真总结辅导员开展思想政治教育质量测评的成绩和经验，把实践证明有效的措施和方法转化为经常之举、普遍之举，不断加以完善，并且要大力挖掘和宣传在辅导员开展思想政治教育质量测评过程中涌现出的典型及其先进经验。一是通过宣传，我们希望提高高校辅导员对思想政治教育质量测评的重视，分享成功的案例和经验，推动全国范围内的高校思想政治教育工作的发展。二是宣传的典型或先进经验的主题或领域涵盖了如何制定辅导员测评方案、如何收集和分析数据、如何运用测评结果来提高思想政治教育效果等具体实践。三是我们需要深入调查和研究一些在思想政治教育质量测评方面表现出色的高校辅导员的具体实践，将他们在实践中产生的好的做法和好的经验，及时推广开、传播开，使科技更好、更快、更广、更有效地服务于大学生的全面发展。通过报纸、杂志、广播、电视、网络等各种媒介进行宣传。我们相信通过这些渠道的推广和传播，高校辅导员开展大学生思想政治教育质量测评的典型做法和先进经验将会得到更广泛的认可和应用。

**（二）统筹打造测评交流平台，打破高校壁垒**

高校辅导员开展大学生思想政治教育质量测评体系是一个复杂评价系统，同时也是一个开放的有机系统，教育行政主管部门应该定期或不定期召开辅导员开展思想政治教育质量测评工作专题会议、开辟网上专题讨论等多种形式，针对测评体系建设的途径、方式等进行工作研讨和经验交流。各高校也应该打破高校壁垒、建立学科交流平台，不断吸收新的测评理论与方法，辅导员开展大学生思想政治教育质量测评体系也必须随着社会环境、技术方法、学生素质的不断变化而完善和发展，不断根据测评实施的情况和测评对象的反馈而加以完善。只有这样，才能真正适应知识经济社会的用人需求和社会进步发展的需要，才能既提高培养大学生的思想道德素质，又达成立德树人的目标。

**（三）鼓励对辅导员开展思想政治教育质量测评开展更多的理论研究**

理论指导实践。辅导员开展思想政治教育质量测评可以开展线上投票评选，挖掘形成一批可复制、可推广、可借鉴的测评优秀案例，在全国推广转化为各高校常态化测评活动的经验与做法。同时，国家层面采取鼓励更多的思政理论研究作为一项重要举措。通过对测评理论的深入探究，高校可以更加准确地把握辅导员开展大学生思想政治教育的本质，提升教育质量。同时，辅导员开展大学生思想政治教育也需要有着科学化的理论基础，以便它在高校的开展中得到更好的发挥。首先，要明确辅导员开展大学生思想政治教育质量测评的目标。目标可以是评估教育的有效性，也可以是衡量学生的思想道德水平，或者兼而有之。通过深入探究目标，可以更好地把握测评的方向和重点。其次，鼓励不同领域、不同部门、不同学科之间建立合作机制，对辅导员开展大学生思想政治教育质量测评进行研究，可以有效地促进我国高校辅导员开展思想政治教育质量测评研究的创新和发展。最后，需要关注国际动态，了解国外相关领域的研究进展和成果。通过借鉴和吸收有益的经验，可以为我国辅导员开展大学生思想政治教育提供更多的启示和思路，推动我国思想政治教育质量测评取得更加丰硕的成果。

综上所述，高校辅导员开展思想政治教育质量测评应注重从构建多元化的测评主体、测评管理、测评体系的运用推广等方面优化机制。这些机制相互关联、相互促进，可以形成一个有机整体，共同推动辅导员的思想政治教育工作有效开展。

# 第三节　加强高校辅导员开展思想政治教育的质量测评体系建设

高校辅导员开展思想政治教育的质量测评要从"制定科学全面的测评标准、采用多样的测评方法、强化对测评结果的应用、运用智能化技术测评"的方面下功夫。构建一套导向明确、精准细化的测评标准，这对提高高校思想政治教育质量具有重大意义。

## 一、制定科学全面的测评标准

高校辅导员开展思想政治教育质量测评在制定测评标准时，各高校应结合国家教育方针和人才培养目标、学生的全面发展需求，从不断丰富测评的目标、推进高校分类测评、提高测评精准度等方面加强测评体系建设。

### （一）明确导向，不断丰富测评的目标

中共中央、国务院印发的《深化新时代教育评价改革总体方案》指出："教育评价事关教育发展方向，有什么样的评价指挥棒，就有什么样的办学导向""坚持立德树人，牢记为党育人、为国育才使命，充分发挥教育评价的指挥棒作用，引导确立科学的育人目标，确保教育正确方向。"高校辅导员开展大学生思想政治教育质量测评，目的在于正确评价辅导员的思想政治教育效果和学生思想道德素质，实现辅导员思想政治教育工作的正规化、制

度化进而科学化，落实高校立德树人的根本任务，促进学生全面发展。但客观地说，当前辅导员开展思想政治教育质量测评这一重要工作既缺乏统一的组织领导，也没有具体的考核和量化标准。这就导致了一些辅导员开展大学生思想政治教育的过程中，不能实实在在干工作，严重影响了高校思想政治工作的进度和效果。当前还没有单列的辅导员开展大学生思想政治教育质量测评，而辅导员工作考核只是学校对辅导员的年度工作的考核。这一考核的目的单一化严重制约辅导员开展大学生思想政治教育质量测评体系的发展，因此，在原有辅导员工作考核目标的基础上进行丰富，除了要满足学校对学生的优劣进行甄别和管理之外，还要把学生的综合素质现状和教学中存在的问题当作评价的目标。测评的结果中，将思想道德素质情况判断得非常明晰，学生可以依据这一结果对自己的不足之处进行自我改进和自我完善。同时，在辅导员开展大学生思想政治教育质量测评中，也要将思想政治教育中存在的问题当作测评的重要目标，通过对测评的结果进行分析，找出当前学生思想政治教育工作存在的主要问题，为提升思想政治教育质量提供重要的参考依据。为此，高校必须组织专家、学者、专职辅导员和学生代表，将辅导员开展大学生思想政治教育质量测评的目标进行丰富，才能够使辅导员开展大学生思想政治教育质量测评的结果得到更好的应用。

**（二）突出特色，推进高校分类测评**

中共中央、国务院印发的《深化新时代教育评价改革总体方案》指出："推进高校分类评价，引导不同类型高校科学定位，办出特色和水平。"辅导员开展大学生思想政治教育质量测评要强化人才培养中心地位，淡化论文收录数、引用率、奖项等数量指标，突出学科特色、质量和贡献，探索建立应用型本科评价标准，突出培养相应专业能力和实践应用能力。要制定"双一流"建设成效评价办法，突出培养一流人才、产出一流成果、主动服务国家需求，引导高校争创世界一流。各高校应针对学校类型、学院特点、学科特点，制定相应的测评标准和测评指标权重。如师范院校测评，应该把办好师范教育作为第一职责，将培养合格教师作为主要测评指标。再如文科类型的学院，从学生相对的兴趣点出发，侧重于学生社会实践类的活动，把学生人际交往能力与为人处世的方式等方面的思想道德素质作为重点测评指标。理工科高校的学生在其专业课程的水平方面有更高的要求，学校的专业人才培养目标主要是以专业素质过硬、能够熟练操作为主，因此理工科院校的测评体系注重专业成绩和工程训练等专业实践能力的评价。同时根据理工科的学科特点和学生人文素养的不足，有针对性地开展教育和测评活动，提出更高的人文素养测评标准。

### （三）细化指标，提高测评精准度

我们只有坚持理论分析与实证研究相结合，综合运用文献综述、问卷调查、统计分析等方法，解剖辅导员开展大学生思想政治教育质量测评的理论结构和实证结构，才能构建起合理的测评指标体系，得到科学的测评结论。新时代高校辅导员开展大学生思想政治教育质量测评体系有 9 项一级指标、38 项二级指标，该指标体系具有鲜明的时代特点，符合高校思想政治评价工作和大学生发展需要，是高校思想政治评价工作由随意性走向科学化、由临时性走向规范化的关键步骤，也是新时代辅导员开展大学生思想政治教育质量测评必须解决的老大难问题。各高校可根据第四章的测评模型，对于三级指标、四级指标的增减而进行相应适配，可以在测评时按照以上模型从最底层的指标开始计算指标隶属矩阵，测算指标权重，也可以适度调整评判等级，具有较强的灵活性和操作性，既可以在辅导员开展大学生思想政治教育质量测评时使用，也可在各子体系运行过程中独立使用，能得到相应科学客观准确的测评结果。由于不同高校目前的辅导员开展大学生思想政治教育质量测评工作体系建构基础、资源和进度有所区别，不同层次的高校需要结合自身发展水平和质量标准导向，遵循测评原则而设定更为精细的测评指标。

综上所述，明确导向、突出特色、细化指标是制定科学全面的测评标准的重要手段。高校辅导员开展大学生思想政治教育质量测评在制定测评标准时，需从科研、实践、文化、心理、网络、资助、服务、管理、组织等多方面进行综合评价，以全面反映大学生的综合素质和全面发展水平。只有这样，才能全面反映辅导员开展大学生思想政治教育的质量。

## 二、采用多样的测评方法

大学生思想政治教育工作质量测评的开展，要在充分考虑不同群体对同一工作的看法、分析同一群体不同阶段所能反映体现的教育效果、继承以往测评工作的经验做法上，坚持定性测评与定量测评相结合、全面测评与重点测评相结合、静态测评与动态测评相结合、常规工作测评与重点工作督查相结合的方法，在学科交叉中深化方法运用，以更准确地反映辅导员开展大学生思想政治教育质量的实际情况。

## （一）定性测评与定量测评相结合

辅导员开展大学生思想政治教育质量测评是对现实生活中的人进行一种特殊而复杂的社会认知活动。大学生思想道德素质具有复杂、抽象和隐蔽的特点，同时人的素质涵盖诸多方面，这些方面能够通过具体的社会行为表现出来，并且这些具体的行为具有可测性和可观察性。因此，辅导员在开展大学生思想政治教育质量测评过程中应采用定性与定量相结合的测评方法。"所谓定性测评，就是采取经验判断和观察的方法，侧重从行为的性质方面对测评对象的素质进行综合分析和评价；所谓定量测评，就是运用数据的形式，通过对测评对象表现出来的一些量的关系的整理和分析，从数量上相对精确地反映测评对象的局部或整体面貌。定性注重'质'的方面，是对人才质量本质属性的鉴别与确定；定量注重'量'的方面，是通过数学符号来表示人才质量的综合特征。定量测评是定性测评的基础，没有科学的定量分析，所作出的结果对人才质量的定性分析可能有失妥当；定性则是定量的出发点和结果，将人才质量进行细化与定量，不是测评的目的和宗旨，而是作为对人才素质进行定性的手段。定量只能作为阐述定性的客观基础，定性也只能作为定量的前提和归宿。"① 在辅导员开展大学生思想政治教育质量测评实践中，有的高校没有正确处理这两者的关系。例如，有的人把鉴定总结当作一种比较全面、科学的质量测评方法。而另一些人恰恰相反，把可量化当作是最科学的，简单地认为定量分析才是质量测评的根本，因此在操作时将量化手段作为目的，用分数完全取代鉴定和定性评定。这显然是片面地强调定量测评，是不可取的。实践证明，如果定量测评脱离了定性要求，就容易导致过分追求分数的倾向，而忽略了内在质量的要求。而脱离定量依据的定性测评则容易使认识停留在模糊阶段，过于依赖以往的经验和一时的印象，导致主观随意性较大。因此，只有将定性测评和定量测评紧密结合，才能使测评更精确、更具体、更全面，从而更具有说服力。例如，前面提到的

---

① 贾金玲．大学生综合素质测评体系研究［D］．西安：西安科技大学，2010.

模糊数学的运用，就是将定性与定量有机结合起来的一种有效形式。在测评中，我们应该认识到定性分析是测评的直接目的、出发点和归宿，同时又必须以定量分析为基础和依据。因此，在定性测评的基础上进行定量分析，然后以此为依据，进行量的分析、比较、综合，在更高层次上进行定性测评，实现定性与定量测评的有机统一。

### （二）全面测评与重点测评相结合

人的素质是一个错综复杂的综合体。同一个体的各种素质和同一素质的各种成分，作为高度统一的有机体存在于个体之中，它们相互联系、难以分割，并共同作用于个体行为方式、行为产品和工作绩效。素质的综合性还表现在对行为辐射的共同性、普遍性与全时空性。因此，对任何一个人或任何一种素质的测评，都不应仅凭一时一事，而应根据测评对象的所有行为表现进行综合而全面的评估。辅导员开展大学生思想政治教育质量测评的全面性主要体现在测评标准指标体系的全面性和完整性上。例如，对辅导员开展大学生思想政治教育质量测评包括科研育人、实践育人、文化育人、网络育人、心理育人、管理育人、服务育人、资助育人、组织育人这九个方面，通过对大学生思想道德素质的全面评估，我们可以得出相对全面的结论，这有助于我们全面而系统地了解和掌握测评对象的整体状况。在全面测评的基础上，我们还需要将面与点相结合，根据具体情况与要求进行重点测评。重点测评的重点是指最能体现与反映当前大学生思想道德素质状况与水平的行为内容。例如，对心理育人方面进行测评时，其测评指标要素可以从多方面进行设计，但根据全面测评与重点测评相结合的方法，我们从开展心理健康知识普及宣传活动情况、学生心理健康问题初步排查和疏导情况、学生掌握基本心理健康知识情况和学生理性平和乐观向上的健康心态情况四个方面予以测评与衡量。再如，实践育人方面的测评指标要素有很多，在此，主要根据《高校思想政治工作质量提升工程实施纲要》中的中华优秀传统文化教育开展情况、革命文化教育开展情况、社会主义先进文化教育开展情况、学生积极践行和弘扬社会主义核心价值观情况、学生热爱专业的情况等方面进行考虑与设计。采用全面测评与重点测评相结合的方法，辅导员在开展大学生思想政治教育质量测评实践时，就既能够全面了解大学生思想道德素质状况，又能够依据测评目的和时代发展与要求，有侧重地进行测评、引导和激励。

这种点面结合的方式，能够更好地满足时代发展的需求，有针对性地提高大学生的思想道德素质。

**（三）静态测评与动态测评相结合**

"静态测评是对测评对象已形成的素质水平或已经具备的条件进行判断，考察的是一种特定时空范围的现实状态。通过静态测评，可以看清测评对象之间的差异与是否达到某种标准，但忽视了被测者原有的基础与今后的发展趋势；动态测评是基于素质形成与发展的过程以及前后变化情况来进行素质测评，而不是基于结果和当前所达到的标准进行测评。动态测评注重纵向比较，考察测评对象的历史状况，注意其发展潜力和发展趋势。通过动态测评，有利于了解被测者素质的实际水平，有利于指导、激发被测者的进取精神，但缺点是不同被测者的测评结果不便于相互比较。"① 在辅导员开展大学生思想政治教育质量测评过程中，我们既要关注大学生个体在已稳定的情况下的行为表现，也要考察他们在动态条件下的行为反应。虽然个体的思想道德素质是相对稳定的，具有一定的可测性，但是又因为大学生是充满活力和变化的人，同时其思想道德素质也会受到多种主客观因素的影响，其思想道德素质表现在不同的条件下也会发生变化。例如，当人才追求思想进步时，他们的物质需求与满足是两种截然不同的状态。静态测评是动态测评的前提和基础，没有对当前状况的详细了解，那么对其不断发展的动态过程就不可能准确把握。然而，任何一种事物的静态都是有条件、暂时性和相对性的，而运动则是物质的根本属性。只有将静态测评与动态测评相结合，才能真正把握事物的本质，避免测评的随意性和人为性，客观地反映大学生思想道德素质的真实状况，实事求是地反映出当前辅导员开展大学生思想政治教育的状况与效果。

**（四）常规工作测评与重点工作督查相结合**

辅导员工作分为常规工作和重点工作两个方面。常规工作包括思想政治教育、日常管理和咨询服务等，其中思想政治教育是辅导员需要每天或定期开展的，例如主题班会、党团活动等，以培养学生的思想道德素质和政治觉悟，测评内容主要包括活动的频次、内容的质量、学生的参与度和反馈等内

---

① 贾金玲．大学生综合素质测评体系研究［D］．西安：西安科技大学，2010.

容。辅导员要对学生的日常生活和学习进行管理，例如学风建设、纪律维护、宿舍管理、学业指导等，则测评主要包括管理的规范性、有效性，以及学生对管理的满意度等。同时，辅导员要为学生提供各种咨询服务，例如心理辅导、职业规划、困难救助等，因此测评主要从服务的覆盖面、解决问题的效率和质量，以及学生对咨询服务的满意度等方面进行。辅导员的重点工作主要包括教学质量提升、科研与社会服务、学生综合素质培养等。辅导员需要积极参与教学质量提升活动，例如听课评课、教学研讨、师生互动等，因此，测评主要包括参与的频次和质量、对教学质量改进的贡献，以及学生对教学质量的反馈等。对于科研与社会服务来说，辅导员需要组织和参与科研项目和社会服务活动，例如科研立项、学术竞赛、社会实践等，那么测评主要包括组织和参与的频次和质量的成果和影响，以及学生对这些活动的反馈等方面的内容。同时，辅导员需要积极推动学生的综合素质培养，例如课外活动、文艺体育、创新创业等，则测评主要包括组织的活动类型和频次、学生的参与度和反馈、对学生综合质提升的贡献等内容。

为了对辅导员的工作表现进行全面评估，在开展辅导员思想政治教育质量测评时，需要同时关注常规工作测评与重点工作督查。一是设定各项工作的权重。在综合测评中，要给常规工作和重点工作设定适当的权重。例如，常规工作权重为 70％，重点工作权重为 30％。二是计算各项工作的得分。根据各项工作的测评指标和权重，计算出各项工作的得分。例如，常规工作得分＝70％×（思想政治教育得分＋日常管理得分＋咨询服务得分），重点工作得分＝30％×（教学质量提升得分＋科研与社会服务得分＋学生综合素质培养得分）。三是计算综合得分。各项工作的得分加权求和，得出辅导员的综合得分。例如，综合得分＝常规工作得分＋重点工作得分。四是根据综合得分评定等级。根据综合得分评定辅导员的工作等级，例如优秀、良好、一般等。同时，可以根据需要制定相应的奖励措施或改进方案。

综上所述，高校辅导员开展思想政治教育质量测评应坚持定性测评与定量测评相结合、全面测评与重点测评相结合、静态测评与动态测评相结合、常规工作测评与重点工作督查相结合的有效测评方式，有助于提高高校思想政治工作质量和辅导员思想政治教育效果。

### 三、强化对测评结果的应用

以评促改，以评促优，以测评推动工作落实和提质增效。对于开展高校辅导员思想政治教育工作质量测评，这既是监督更是支持，既是检验更是督促，非常有利于高校抓好思想政治教育工作。测评结果不仅可以用于辅导员工作业绩考核，还可以应用于大学生思想素质评价、思政课程教学质量评估等方面，充分发挥测评的引导和激励作用。

#### （一）注重结果持续改进

测评管理部门应对测评结果进行及时反馈，让辅导员知道自己在哪些方面做得好，哪些方面还有待改进。同时，学校相关部门应根据评价结果，为辅导员提供针对性的指导和帮助，以提升其思想政治教育效果。测评结果是对被测评辅导员开展大学生思想政治教育工作的总体评价和各项二级指标评价，全面反映了辅导员在服务育人、管理育人、科研育人、实践育人、网络育人、文化育人、心理育人、资助育人、组织育人方面的具体表现，被测评对象的成效一目了然。测评打分结果，为辅导员开展大学生思想政治教育工作提供明确的方向，可以实现分类教育、有的放矢。

#### （二）充分发挥测评的引导和激励作用

《普通高等学校辅导员队伍建设规定》明确提出："教育部在全国教育系统先进集体和先进个人表彰中对高校优秀辅导员进行表彰。各地教育部门和高等学校要结合实际情况建立辅导员单独表彰体系并将优秀辅导员表彰奖励纳入各级教师、教育工作者表彰奖励体系中。"激励是手段，亦是方法，一个高效运转的激励机制既包括精神激励，又伴随着一定的物质奖励。对于高校辅导员而言，在开展思想政治教育过程中给予适时适当的激励能够增强育人获得感，促进辅导员保持良好的精神状态和育人热情，于大部分辅导员来说，精神的激励作用要远大于各种物质上的奖励，但适当的物质手段作为激励是必不可少的。邓小平曾说："我们实行以精神鼓励为主、以物质鼓励为辅的方针，奖牌和奖状的颁发属于精神鼓励，这是完全必要的精神层面上的荣誉，同时，物质鼓励也是不可或缺的。"[①] 物质激励与精神激励二者缺一

---

① 邓小平. 邓小平文选：第 2 卷［M］. 北京：人民出版社，1994：102.

不可。因此，各地教育部门和高等学校要根据辅导员职业能力标准，结合实际情况建立科学的，具有较强的公正性、可操作性、可控性和实用性的辅导员综合评价体系，客观地对辅导员能力和辅导员工作进行测评，增强辅导员工作积极性，增强辅导员育人实效性。

## （三）重点落实立德树人的根本任务

全国教育大会强调："深化教育体制改革，健全立德树人落实机制，扭转不科学的教育评价导向""从根本上解决教育评价指挥棒问题。"高校辅导员开展思想政治教育质量测评的结果不仅是高校思想政治教育工作质量评价的集中体现，也是进一步落实立德树人根本任务的必然要求。质量测评是诊断辅导员思想政治教育工作问题及其对策有效性的重要手段。新时代高校辅导员思想政治教育工作需要增强针对性和实效性，而发现辅导员思想政治教育工作中存在的问题并制定相应的对策，就需要开展辅导员思想政治教育质量测评。辅导员思想政治教育质量测评能够对整个思想政治教育活动进行一定的检测，这个过程也是获取整个活动状况信息的过程。通过调查研究，我们可以较全面地了解辅导员思想政治教育工作中的问题、方法、规律和对策等信息。质量测评不仅服务于整个思想政治工作过程，还是科学正确决策的准备过程。为了有效控制思想政治教育工作过程，辅导员需要及时掌握质量测评结果的反馈信息，对其进行归纳整理，并分析思想政治教育过程中存在的问题，积极寻求相应的对策。"从现实看，人们对思想政治教育最终结果质量或实效性的评价总体还是比较具有主观性的，往往根据自己的主观判断作出评价，而不是根据客观而科学的评价指标和经过一番严谨的评价作出结论。实际上，思想政治教育实效性的高低不能仅仅凭经验的主观感觉，而应该通过科学研究，建立起严谨的评价指标体系，才能获得客观而科学的评价。"① 只有进行这样的测评，我们才能相对全面地了解思想政治教育结果质量的整体状况，并给出客观而科学的结论。因为只有通过这样的测评，我们才能判断出辅导员开展思想政治教育的最终结果质量的高低，并了解存在哪些具体问题。通过把握现状和具体问题的存在，我们可以找到提升高校辅导员开展思想政治教育最终结果质量的对策。

---

① 吴林龙．当代德育实效测评的反思与前瞻［J］．广西社会科学，2014（4）：192-196．

### 四、运用智能化技术测评

随着人工智能技术的发展，各个领域都在探索将其应用于实际工作和生活中。辅导员开展思想政治教育质量测评作为高校思想政治教育工作重要的一环，也有必要通过智能化技术的应用来提高其测评效率。在现有的测评基础上，通过智能化技术的应用，将智能化测评方法探索、智能化测评平台建设、智能化测评体系建设三个方面相结合，从而全面提升辅导员开展思想政治教育质量测评的智能化水平。

#### （一）智能化测评方法探索

智能化测评是一个涉及多个领域和技术的复杂过程，在思想政治教育中，测评方法的探索与实践是不可或缺的。在实现教育智能化的过程中，传统的思想政治教育测评模式已经不能适应新时代教育评价改革的需求，应探索智能化测评方法，提高测评的灵活性和多样性，以使测评更加高效和自主化。对于智能化测评方法，可以从几个方面来探讨。第一，以数据为驱动的智能化测评。收集辅导员日志、工作流程数据、传感器数据等，通过机器学习和人工智能技术，可以识别模式、预测趋势和形成深入见解，从而进行更为准确的测评。第二，使用自动化评估工具。在测评辅导员在特定任务或重点工作中的表现时，通常会采用基于人工智能和机器学习算法的方法，这样可以自动评估辅导员的技能、知识水平、行为和成果。第三，综合应用多种方法。智能化测评并非单一的方法，而是需要整合运用多种方法和技术。辅导员开展大学生思想政治教育的效果主要通过测评学生的思想道德素质而体现，因此开展该测评需要综合应用多种方法。比如，可以使用数据驱动的智能化测评来识别潜在的问题和机会，再使用自然语言处理（Natural Language Processing）和情感分析来了解学生反馈中的情感，最后使用智能辅导和个性化学习来提供定制化的学习体验。值得注意的是，智能化测评是一个持续发展的领域，需要不断探索和创新。同时，由于涉及大量的数据和分析，因此也需要确保数据的安全性和隐私性。

#### （二）智能化测评平台建设

随着信息技术的普及和发展，智能化教育平台已经成为高校辅导员开展双肩上岗计划中思想政治教育的一种重要方式，教育行业也已经逐渐地实现由信息化向智能化发展的转换。智能化教育平台不仅能够提高思想政治教育的教育效果，还能够促进教育的公平性和教育成果的可持续发展。因此，建设智能化测评平台已经成为国家层面提升思想政治教育的智能化水平所要求的重要步骤，必将成为我国开展智慧教育的必然趋势。在高校辅导员开展思想政治教育质量测评中，智能化测评平台可以提供学习资源和知识管理，既可以了解辅导员的工作成效，又可以搜集、分析学生思想道德情况，有效地促进思想政治教育工作开展，有效促进学生的个性化发展和全面素质提升。但是，建设智能化测评平台也面临如何从数据挖掘、自然语言处理、机器学习、语义分析等技术手段中选取最有利于思想政治教育的应用场景及工具和如何在平台的安全性、服务质量、信息管理等方面，以及如何保障用户数据的安全性、规范性等挑战。针对上述问题，建议国家层面出台政策措施，以落实建设智能化测评平台的相关要求。一是完善思想政治教育相关政策法规，提升智能化平台的整体运营和管理水平。二是鼓励高校加大投入，推动智能化测评平台的建设和营运。三是下发标准规范，保障平台的服务质量和信息管理质量。四是鼓励企业及个人投身于智能化测评平台建设，加强与高校之间的合作关系。五是建议高校加强教育师生的网络安全意识，完善安全管理和监管机制，以及开展安全培训和教育。

## （三）智能化测评体系建设

在思想政治教育中，测评工作的开展与质量的判断是至关重要的。随着智能化水平的不断提高，高校辅导员开展思想政治教育质量测评也必将实现智能化和数据化。因此，我们需要搭建一套完整的智能化测评体系。智能化测评体系建设涵盖了从目标确定到结果应用的多个面，在此主要谈谈测评软件研发。智能化测评体系的实现，离不开测评软件的支持。在软件研发阶段，需要根据测评目标和指标，设计相应的功能模块和界面，实现数据采集、处理、分析和呈现等功能。同时，软件应具备良好的用户友好性和可维护性，以满足实际使用需求。例如，可以利用互联网和人工智能技术，开发素质测评量表自动生成软件、新时代网络素养测评工具系统等测评软件和系统。这种新的智能测评方式不仅具有互动性和新鲜感，同时还可以快速了解辅导员在工作中的表现，为进一步的思想政治教育改进提供参考依据。总之，利用数据分析和人工智能等技术，可以更加全面、客观、准确地评价辅导员在开展思想政治教育工作中的表现，同时也可以有针对性地优化教育方案以提升教育的有效性和实效性。

综上所述，辅导员开展大学生思想政治教育质量测评体系的建立与实施是关系到怎样落实党的教育方针的大事，是立德树人得以顺利实现的大事。高校辅导员开展思想政治教育的质量测评的优化对策，需要强化测评理念、优化测评机制、加强测评体系建设。这样才能更好地促进大学生的全面发展，提高高校思想政治教育的质量和水平。

# 结　语

　　高校辅导员是高等教育中非常重要的职业，他们有着较强的思想政治教育引导能力，为高等教育院校生的成长提供了重要的支持和帮助。然而，目前研究领域关于高校辅导员开展思想政治教育的质量测评方面的研究比较缺乏，从而导致高校辅导员在实施教育活动时难以对教育效果进行全面评价，也难以及时发现和解决一系列潜在问题，限制了思想政治教育事业的进一步发展。因此，为了更好地推动高等教育院校思想政治教育事业的持续发展，本次研究拟探究如何对高校辅导员开展思想政治教育的质量进行测评，并落实出可行的质量评价指标。通过问卷调查、实地调研和实验分析，探寻高校辅导员思想政治教育的质量测评方法和具体实施意见，以统一教育方式、提升教育效果和推进高校辅导员工作的效益。随着社会的快速发展和科技进步，高等教育的质量和水平对人才培养的重要性也越发突出。而教师、高校辅导员等的素质与能力，对高等教育的质量起着至关重要的作用。高校辅导员作为学生思想教育的引导者和照顾者，已经日益成为高等教育领域中不可忽视的重要角色。其职责主要是给予学生日常生活、情感倾诉、心理健康、求职和生涯规划等方面的支持和指导。然而，过去的研究发现，高校辅导员普遍面临着缺乏测评指标的困境，缺乏对教师和高校辅导员进行思想政治教育的质量评估的系统性方法，以及个人观念和主观因素的影响大。在此背景下，深入探讨高校辅导员运用的思想政治教育测评机制，并提出可行的教育为其工作提供指导和帮助非常必要。因此，本书构建出一种适用于高校辅导员思想政治教育评价并能够快速适应变化的思想政治教育测评体系，确保考核的全面和科学性，以此来保证高校辅导员思想政治教育工作的有效性和稳定性，进一步提升高等教育质量和人才培养。

本书研究了高校辅导员开展思想政治教育的质量测评，介绍了相关概念，并探讨了研究的价值。本书第一章针对高校辅导员开展思想政治教育质量测评的现实审视进行了分析；第二章理论基础在于建构理论模型、建构依据和建构原则；第三章针对高校辅导员思想政治教育测评的问卷编制与测评指标进行了研究；第四章则展示了高校辅导员开展思想政治教育质量测评的实证研究；第五章对高校辅导员开展思想政治教育质量测评的优化对策进行了探索。从国家层面来看，建议提升思想政治教育的智能化水平，鼓励更多的思想政治理论研究，打造智慧思想政治教育师资队伍，强化高等教育院校生的实践体验以及倡导高等教育院校生自主学习。从学校层面看，强化制度建设、提升教师队伍素质、创新思想政治教育内容以及形式、强化学生自主学习和参与性以及强化履职尽责是本书提出的具体建议。而从高校辅导员个人层面出发，需要扩展专业技能，深化思想政治理论研究，建设思想政治服务网络以及完善工作机制。

通过本研究的实际应用，可以发现高校辅导员开展思想政治教育的质量测评具有实际意义。研究表明，在高校辅导员开展思想政治教育质量测评中，需要借鉴教育测评理论，并结合高校辅导员的职业特征、学校教育理念以及青年高等教育院校生思想特征，在实践中不断探索、不断创新，从而为高校辅导员开展思想政治教育工作提供有效的理论支持以及实践指导。

虽然本书对高校辅导员开展思想政治教育的质量测评进行了研究，然而仍然存在不足之处。首先，在实证研究历程中，样本容量相对较小确实可能带来一些局限性，这可能会对研究的推广和应用产生一定的影响；其次，研究的深度以及广度仍需进一步强化，以弥补本书研究的不足。未来，可以强化对数据的收集、整理以及验证性因子分析，验证已有理论模型与数据拟合程度，以期获得更为准确以及全面的研究结论，以应对高校辅导员开展思想政治教育质量测评所面临的实际挑战。

# 参考文献

## 一、著作类

[1] 张玉田，等．学校教育评价［M］．北京：中央民族学院出版社，1987.

[2] 张耀灿，郑永廷，吴潜涛，等．现代思想政治教育学［M］．北京：人民出版社，2001.

[3] 张华．课程与教学论［M］．上海：上海教育出版社，2001.

[4] 吴钢．现代教育评价基础［M］．上海：学林出版社，2004.

[5] 王景英．教育评价［M］．北京：中央广播电视大学出版社，2004.

[6] 王茂胜．思想政治教育评价论［M］．北京：中国社会科学出版社，2006.

[7] 鲁宇红，郭建生．应用型本科院校大学生思想政治教育评价体系研究［M］．南京：东南大学出版社，2008.

[8] 乔万敏，邢亮．高等教育院校生思想政治教育质量提升模式研究［M］．北京：人民出版社，2013.

[9] 张耀灿，等．高校思想政治理论课教育教学质量监测体系研究［M］．北京：经济科学出版社，2014.

[10] 陈玉琨．教育评价学［M］．北京：人民教育出版社，2014.

[11] 程刚．高等教育院校生思想政治教育质量提升模式研究［M］．北京：中国书籍出版社，2015.

[12] 张发明．综合评价基础方法及应用［M］．北京：科学出版社，2018.

[13] 余彬，蒋兴旺，姜红．教育评价学［M］．成都：成都时代出版社，2019.

［14］冯刚，等．高校思想政治教育工作质量评价研究［M］．北京：人民出版社，2020．

二、论文类

［1］张红梅．美国高校学生评价方法研究［D］．上海：华东师范大学，2005．

［2］车菲菲．高校思想政治教育评价体系和质量标准研究［D］．太原：中北大学，2010．

［3］李洪波．基于演化视角的高校辅导员管理研究［D］．镇江：江苏大学，2010．

［4］贾金玲．大学生综合素质测评体系研究［D］．西安：西安科技大学，2010．

［5］吴云志．高校辅导员工作绩效评价体系研究［D］．沈阳：辽宁师范大学，2011．

［6］郑海友．大学生思想政治素质测评工作的问题与对策研究［D］．上海：华东师范大学，2012．

［7］张杰．高校辅导员思想政治教育工作实效性研究［D］．天津：华北电力大学，2012．

［8］杨莉莉．高校辅导员思想政治教育工作实效性探究［D］．青岛：中国海洋大学，2012．

［9］任永雄．马克思价值观理论及其当代启示［D］．新疆：新疆师范大学，2013．

［10］周文博．理工科高校思想政治理论课教学工作研究［D］．天津：天津大学，2013．

［11］陆浩杰．基于 AHP-熵权法的煤炭企业低碳经济综合评价研究［D］．西安：西安科技大学，2014．

［12］方燕妃．高校学生综合素质评价管理系统的设计与实现［D］．沈阳：东北大学大学，2015．

［13］卢静．基于项目管理的高职教师能力测评体系研究［D］．天津：天津大学，2017．

[14] 李昆澄．城市区域和路径双层级空间单元街道步行环境综合评价研究 ［D］．武汉：武汉大学，2019.

[15] 赵昌志．民族院校辅导员胜任力模型构建及测评研究 ［D］．武汉：中南民族大学，2019.

[16] 汪怡江，袁泉．高校思想政治教育工作评价管见 ［J］．安徽教育学院学报（哲学社会科学版），1998（4）.

[17] 杨志社．教育评价的历史和方向 ［J］．学术界，1999（6）.

[18] 尹志丽．西方教育评价理论发展及对我国的启示 ［J］．探求，2003（4）.

[19] 程伟，于仰涛．思想政治工作评价研究方法论 ［J］．理论月刊，2006（9）.

[20] 肖海燕，欧阳涛，卜蓓．可持续发展的综合评价指标体系探讨 ［J］．湖南农业大学学报（社会科学版），2008，24（6）.

[21] 李俊杰．大学生综合素质测评体系探索及思考 ［J］．湖南医科大学学报（社会科学版），2008，10（6）.

[22] 曹清燕，张耀灿．论建国以来高校思想政治理论课教学测评的基本经验 ［J］．学校党建与思想教育，2009（11）.

[23] 岳云强，吕素霞．构建发展性研究生思想政治教育测评体系 ［J］．学校党建与思想教育，2009（9）.

[24] 向丽．职业教育课程回应评价模式探究 ［J］．江苏教育，2010（5）.

[25] 宋勇．高职院校辅导员工作的两点认识 ［J］．和田师范专科学校学报，2011，30（1）.

[26] 伦丽．研究生思想政治教育测评体系构建研究：以西方研究生教育质量测评体系经验为借鉴 ［J］．现代商贸工业，2011，23（21）.

[27] 李春华．构建现代思想政治教育评价体系基本特征研究 ［J］．中国高等教育，2012（1）.

[28] 宋彩平，祖立娇．黑龙江省国有林区低碳经济发展现状评价及发展对策研究 ［J］．林业经济问题，2012，32（2）.

[29] 时涛，鞠楠楠，周国富．基于AHP的省区文化软实力综合评价研究 ［J］．现代商业，2012（17）.

［30］李克周，陈猛．基于 AHP 的高校教师绩效评价研究［J］．现代商业，2012（26）.

［31］缪用，董文波．大学生思想政治教育过程中组织发展量化评价模型的研究［J］．吉林教育学院学报，2012，28（12）.

［32］赵祖地．论马克思主义经典作家德育评估思想［J］．国家教育行政学院学报，2013（3）.

［33］刘倩．思想政治教育评估指标体系研究的困境与出路［J］．思想教育研究，2013（4）.

［34］庄穆．国外教育评价模式演进及启示［J］．高校发展与评估，2013，29（2）.

［35］倪胜巧．高校学生思想政治教育工作绩效评估机制研究［J］．教育与职业，2013（20）.

［36］李玉环，李玉梅．档案袋评价方式与高校思想政治教育的契合［J］．兰台世界，2014（14）.

［37］沈壮海，段立国．思想政治教育测评研究的回顾与展望［J］．思想教育研究，2014（9）.

［38］钟军，袁扬华，袁舟群．高校辅导员队伍建设测评体系研究［J］．合肥工业大学学报（社会科学版），2014，28（6）.

［39］罗勇，宋璐怡，杜建宾．精准化的大学生综合素质测评体系构建［J］．黑龙江高教研究，2015（5）.

［40］刘元春．构建多元评价体系［J］．中国高等教育，2016（2）.

［41］陈家新，谭羽非，张茜．高校工科学生综合素质能力测评体系及评价方法［J］．高等建筑教育，2016，25（5）.

［42］陈艳芳．新疆高职学生思想政治教育质量测评改革研究［J］．职业技术，2016，15（11）.

［43］郑涛，石雪萍．高职院校学生思想政治教育质量测评改革研究［J］．才智，2016（35）.

［44］董平，丛晓波．思想政治教育价值生产评价模式的建构理路［J］．思想教育研究，2016（7）.

［45］周作宇，周廷勇．大学生就读经验：评价高等教育质量的一个新视角

[J]. 大学（研究与评价），2017（1）.

[46] 高静毅. 把握新时期高校思想政治教育质量评价的科学路径："高校思想政治教育工作质量评价体系研究"开题研讨会综述［J］. 学校党建与思想教育，2017（23）.

[47] 姚莹. 浅谈高等教育院校辅导员利用网络媒体开展思想政治教育工作［J］. 学园，2017（9）.

[48] 燕波. 高等教育院校辅导员开展高等教育院校生思想政治教育的网络平台［J］. 读书文摘，2017（11）.

[49] 李洪波，李宏刚. 高等教育院校生思想政治教育工作评价的困境与反思：基于学生工作的视角［J］. 学校党建与思想教育，2018（6）.

[50] 吴林龙. 高校思想政治教育工作质量评价的概念厘定［J］. 思想教育研究，2018（2）.

[51] 杨晓雯. 世界大学排名指标体系对比及其对高水平大学建设的启示：以南京医科大学为例［J］. 情报探索，2018（7）.

[52] 黄蓉芳. 高校思想政治理论课教育教学"四模块"测评模式及其应用［J］. 高教学刊，2018（13）.

[53] 冯刚. 改革开放以来高校思想政治教育质量评价的回顾和思考［J］. 教学与研究，2018（3）.

[54] 陈步云. 高校实践育人评价机制的构建［J］. 思想教育研究，2018（5）.

[55] 王颖，戴祖旭. 大数据时代高校思想政治教育评价方式改革探究［J］. 学校党建与思想教育，2018（16）.

[56] 严帅. 思想政治教育质量评价研究的新特点与新趋势［J］. 思想教育研究，2018（2）.

[57] 华敏. 高校思想政治教育工作质量评价的重大意义［J］. 思想教育研究，2018（2）.

[58] 覃红，许亨洪. 试论大数据在高校思想政治工作质量评价体系中的运用［J］. 学校党建与思想教育，2018（13）.

[59] 赵婷. 高校辅导员心理健康教育胜任力模型的探究［J］. 智库时代，2019（52）.

［60］吴蓉．新时代高校思想政治工作与社会工作的融合［J］．华东理工大学学报（社会科学版），2019，34（2）．

［61］赵颖．公安院校思想政治工作质量提升策略探讨：以2018年度公安大学学生调查为例［J］．公安教育，2019（6）．

［62］王长恒．高等教育院校辅导员开展高等教育院校生思想政治教育的实效性探索［J］．学校党建与思想教育，2021（14）．

［63］肖敏勤．基于"00后"高等教育院校生特点的高等教育院校辅导员思想政治教育工作探究［J］．佳木斯职业学院学报，2019（10）．

［64］王文思．高等教育院校辅导员队伍建设探索：以山西传媒学院高等教育院校辅导员队伍"四型团队"建设为例［J］．山西高等学校社会科学学报，2019，31（8）．

［65］翁喆，刘芸希，饶涛，等．应用型高校思想政治工作联动模式研究［J］．攀枝花学院学报，2019，36（4）．

［66］朱浩．高校辅导员思想政治教育工作存在的问题与改进策略［J］．智库时代，2019（38）．

［67］倪颖，王薇薇．提升高校辅导员思想政治教育亲和力探析［J］．学校党建与思想教育，2020（4）．

［68］于甜甜，曹润泽．新形势下高校思想政治教育工作的思考与探讨［J］．中国多媒体与网络教学学报（中旬刊），2020（8）．

［69］赵加军．用科学的教育评价引导为党育人为国育才［J］．华人时刊（校长），2020（12）．

［70］谢苗苗．德艺双馨：艺术类高校思想政治教育的目标和规制［J］．湖北社会科学，2021（6）．

［71］刘素贞．"三全育人"格局下高校辅导员队伍角色定位与转型论析［J］．上海第二工业大学学报，2021，38（1）．

［72］黄戈林，周姮，秦东方．高校辅导员思想政治教育话语特征，运行逻辑及优化进路［J］．思想教育研究，2021（10）．

［73］秦在东，祁君．新时代高校思想政治工作体系建设质量评价的原则、指标体系探赜［J］．思想教育研究，2021（8）．

［74］左鹏，种鹃．百年来中国共产党培养接班人的历史进程和基本经验

[J]. 毛泽东邓小平理论研究，2022（4）.

[75] 张雷，徐亚欣 . 优化高校思政课教学实效性考评机制探析 [J]. 马克思主义理论教学与研究，2022，2（3）.

[76] 张雪华，刘阳 . 新疆高职高专院校辅导员开展大学生思想政治教育质量测评体系研究 [J]. 和田师范专科学校学报，2022，41（4）.

[77] 王有斌，鄢然，邓明智 . 乡村振兴战略下公费师范生的思想引领探析 [J]. 衡阳师范学院学报，2022，43（1）.

[78] 杨萌，董平，张芳 . 基于 CIPP 的高校辅导员思想政治教育评价模型研究 [J]. 兰州职业技术学院学报，2022，38（1）.

[79] 孙小晨 . 新时代高校服务育人评价机制研究 [J]. 高教学刊，2022，8（22）.

[80] 陈寒，顾拓宇 . 应用型本科院校教师工作考核制度现状调查研究：基于 30 所应用型本科院校教师工作考核制度文本分析 [J]. 职教论坛，2022，38（2）.

[81] 李勇，莫明山，胡立坤，等 . 基于 AHP 的大学生第二课堂产出效果量化评价方法研究 [J]. 高教学刊，2022，8（16）.

[82] 杨华利，耿晶，胡盛泽，等 . 人工智能时代的教育测评通用理论框架与实践进路 [J]. 中国远程教育，2022（12）.

[83] 李婷 . 高校辅导员思政教育工作中的沟通问题 [J]. 时代报告，2022（7）.

[84] 何旭娟，陈宏博 . 大学生思想政治教育获得感测评的价值、原则与方法 [J]. 高教学刊，2022，8（35）.

[85] 秦玉友 . 中国式教育现代化的内涵分析与战略设计 [J]. 教育发展研究，2023，43（3）.

[86] 成黎明 . 新时代大学生思想道德素质评价指标体系的理论建构与实证分析 [J]. 大学教育科学，2023（1）.

# 附录一
# 高校辅导员开展大学生思想政治教育的质量测评调查问卷

尊敬的老师：

　　本问卷旨在了解辅导员开展大学生思想政治教育的质量情况。本问卷调查采取不记名方式，调查结果仅供科研使用，对您的一切信息，我们绝对保密，回答没有对错之分，故请您不要顾虑，认真、如实地填写。衷心感谢您的支持与合作！请您在所选项目的序号上画"√"或将符合实际情况的内容填写在横线上。

## 第一部分：人口学资料

　　1. 性别：_____，职称：_____，职务：_____，教龄：_____，政治面貌：_____。
　　2. 所在学校名称：_____。
　　3. 学校性质：A. 公办　　　B. 民办。
　　4. 学校所在地：_____。

## 第二部分：高校辅导员开展大学生思想政治教育的质量测评调查表

　　请阅读题项，在最能反映您个人观点的选项上画"√"。

高校辅导员开展大学生思想政治教育的质量测评调查表

| 陈　述 | 非常满意 | 比较满意 | 基本满意 | 不太满意 | 非常不满意 |
|---|---|---|---|---|---|
| 开展学术道德和学术规范教育情况 | | | | | |
| 学生崇尚科学精神、追求真理、追求新知情况 | | | | | |
| 学生学习习惯养成良好、创新意识培养情况 | | | | | |
| 学生主持和参与科研项目研究情况 | | | | | |
| 开展大学生暑期"三下乡""志愿服务西部计划"等传统经典项目情况 | | | | | |
| 开展实施"牢记时代使命，书写人生华章"等新时代社会实践精品项目情况 | | | | | |
| 学生开展社会调查、生产劳动、社会公益、志愿服务等社会实践活动情况 | | | | | |
| 开展师生志愿服务评价认证情况 | | | | | |
| 中华优秀传统文化教育开展情况 | | | | | |
| 革命文化教育开展情况 | | | | | |
| 社会主义先进文化教育开展情况 | | | | | |
| 学生积极践行和弘扬社会主义核心价值观情况 | | | | | |
| 学生热爱专业情况 | | | | | |
| 开展网络思想政治教育活动情况 | | | | | |
| 网络文化建设与管理情况 | | | | | |
| 学生在网上能自我教育、自我管理和自我服务情况 | | | | | |
| 学生乐于通过网络与辅导员交流及效果良好的情况 | | | | | |
| 开展心理健康知识普及宣传活动情况 | | | | | |
| 学生心理问题初步排查和疏导情况 | | | | | |

（续表）

| 陈 述 | 非常满意 | 比较满意 | 基本满意 | 不太满意 | 非常不满意 |
|---|---|---|---|---|---|
| 学生掌握基本心理健康知识情况 | | | | | |
| 学生理性平和、乐观向上的健康心态情况 | | | | | |
| 班团组织及其他学生组织机构健全、工作规范等情况 | | | | | |
| 学生团员发展和教育管理情况 | | | | | |
| 学生入党积极分子培养、党员发展和教育管理情况 | | | | | |
| 学生骨干的遴选、培养、激励情况 | | | | | |
| 学生遵纪守法情况 | | | | | |
| 学生养成良好的道德品质情况 | | | | | |
| 学生日常行为文明、规范、有序情况 | | | | | |
| 班级学习氛围和学习风气情况 | | | | | |
| 开展安全教育情况 | | | | | |
| 学生健康生活辅导情况 | | | | | |
| 学生学习成才辅导情况 | | | | | |
| 学生正确择业服务情况 | | | | | |
| 开展诚信教育和金融常识教育情况 | | | | | |
| 开展励志教育和感恩教育情况 | | | | | |
| 开展大学生职业生涯和就业思想政治教育情况 | | | | | |
| 家庭经济困难学生精准认定及奖助学金评定情况 | | | | | |
| 学生开展勤工俭学活动情况 | | | | | |

# 附录二
# 部分高校辅导员（工作）考核表

**（高校 1）辅导员工作实绩测评用表**

| 考评内容 | 考评指标 | 得分标准 | | 计分 | 备注 |
|---|---|---|---|---|---|
| （一）思想理论教育和价值引领；<br>（二）党团和班级建设；<br>（三）学风建设；<br>（四）学生日常事务管理；<br>（五）心理健康教育与咨询工作；<br>（六）网络思想政治教育；<br>（七）校园危机事件应对；<br>（八）职业规划与就业创业指导；<br>（九）理论和实践研究；<br>（十）其他 | 对所带班级学生的熟悉度（10分） | 95%以上 | 10 | | 其中，第1、2两项指标采取随机抽取学生访谈或问卷调查方式考评，抽取学生比例如下：带1个班级的辅导员抽取所带班级学生比例的20%，带2个以上班级的辅导员抽取所带学生比例的10%。其他数据由相应归口部门提供。以上凡涉及比例计算的，均以辅导员本人所带全部班级学生总数为基数。第7项只考核一、二年级学生的宿舍，全带三年级的辅导员该项得分取此项得分平均分 |
| | | 85%～95% | 7 | | |
| | | 75%～84% | 5 | | |
| | | 75%以下 | 3 | | |
| | 所带班级学生满意度（10分） | 80%以上 | 10 | | |
| | | 70%～80% | 7 | | |
| | | 60%～69% | 5 | | |
| | | 60%以下 | 3 | | |
| | 所带班级学生受处分率（3分） | 1%以下 | 3 | | |
| | | 1%～3% | 2 | | |
| | | 3%以上 | 1 | | |
| | 所带班级学生获校级及以上荣誉（奖项）比率（10分） | 20%以上 | 10 | | |
| | | 10%～20% | 7 | | |
| | | 10%以下 | 4 | | |
| | 所带班级学生第二课堂成绩单达标率（10分） | 100% | 10 | | |
| | | 90%～99% | 7 | | |
| | | 80%～89% | 5 | | |
| | | 80%以下 | 3 | | |
| | 所带班级学生工作日常数据填报差错率（10分） | 1%以下 | 10 | | |
| | | 1%～3% | 7 | | |
| | | 3%以上 | 4 | | |

（续表）

| 考评内容 | 考评指标 | 得分标准 | | 计分 | 备注 |
|---|---|---|---|---|---|
| | 所带班级星级宿舍比率（10分） | 80%以上 | 10 | | |
| | | 60%～79% | 7 | | |
| | | 60%以下 | 4 | | |
| | 所带班级学生参加教育教学等集体活动总出勤率（12分） | 95%以上 | 12 | | |
| | | 86%～95% | 9 | | |
| | | 60%～85% | 6 | | |
| | | 60%以下 | 3 | | |
| | 所带班级中共党员、共青团员比率（5分） | 70%以上 | 5 | | |
| | | 60%～70% | 3 | | |
| | | 50%～59% | 2 | | |
| | | 50%以下 | 1 | | |
| | 所带班级学生每年劳动时间40小时及以上的人数比率（5分） | 80%以上 | 5 | | |
| | | 60%～80% | 3 | | |
| | | 60%以下 | 1 | | |
| | 所带班级全年没有发生学生死亡、重伤等恶性事件（5分） | 全年无此类事件 | 5 | | |
| | 思政研究成果（发表论文、项目立项）（5分） | 1篇(项)以上 | 5 | | |
| | | 1篇（项） | 2 | | |
| | 辅导员素质能力大赛（5分） | 荣获校级辅导员素质能力大赛三等奖加1分，二等奖加2分，一等奖加3分。荣获全区辅导员素质能力大赛三等奖加3分，二等奖加4分，一等奖加5分 | 5 | | |
| 总计得分 | | | | | |

**（高校 2）辅导员工作考核内容及评分标准**

| 项目 | 分值 | 考核内容 | 工作要求 | 评分标准 | 考核办法 |
|---|---|---|---|---|---|
| 日常考勤（20分） | 5 | 辅导员工作日白天到岗情况 | 按值班分工表准时到岗（包括在办公室值班和学风督查值班），不迟到、不早退，有事提前请假（一天以内学院党总支书记或副书记批准，一天以上必须有经学工处领导批准的书面假条，否则视为旷工或缺勤） | 旷工或缺勤扣2分/次；迟到或早退扣1分/次；请假扣0.1分/次 | 查辅导员分工表和现场抽查 |
| | 5 | 辅导员兼课情况 | 集中精力做好本职工作，不得兼课过多 | 每周上课课时不得超过4节，每超过1节扣1分（注：1. 非平均每周课时不超过4节；2. 心理素质拓展课、军事理论课、就业指导课不受本条款限制） | 查课表和走访 |
| | 5 | 辅导员参加会议、活动情况 | 按时出席学工处组织的会议、活动，并按要求签到，有事提前请假（以书面假条、请假短信或QQ、微信消息为准） | 旷工或缺勤扣2分/次；迟到或早退扣1分/次；请假扣0.1分/次 | 查签到记录和现场考勤 |
| | 5 | 辅导员组织学生参加各类集体活动情况 | 组织学生按时参加学工处要求的集体活动，并在现场全程监督管理（不要求全体辅导员到场组织的集体活动，只针对当次负责的辅导员考核） | 学生旷工或缺勤扣0.05分/人；学生迟到或早退扣0.01分/人。辅导员旷工或缺勤扣1分/次；辅导员迟到或早退扣0.5分/次 | 查签到记录和现场考勤 |

（续表）

| 项目 | 分值 | 考核内容 | 工作要求 | 评分标准 | 考核办法 |
|---|---|---|---|---|---|
| 材料报送（15分） | 5 | 常规管理工作材料报送（指每周或每两周需要报送的材料，按项考核） | 按要求及时、准确报送（针对分管辅导员考核） | 缺报扣2分/次；每迟报一天扣0.5分；每错报（含漏报）一次扣1分；按要求上报的，加1分/项 | 查材料报送登记表、所报材料原件和辅导员分工表 |
| | 3 | 临时工作材料报送（指临时工作，按次考核） | 按要求及时、准确报送（针对分管辅导员考核，如未明确分管辅导员，则该学院全体辅导员一体考核） | 缺报扣1分；每迟报一天扣0.2分；每错报（含漏报）一次扣0.5分；按要求上报的，加1分/次 | 查材料报送登记表、所报材料原件 |
| | 7 | 学生评优、评奖、资助工作 | 按要求做好学生评优、国家奖助学金和励志奖学金评定，做好贫困生建档工作，及时准确报送相关材料（针对分管辅导员考核） | 每迟报一天扣0.5分；材料出现大面积错误、遗漏，酌情扣3~4分；因工作失误造成负面影响，或被上级退回材料，酌情扣5~6分；按要求上报的，加3分 | 查材料报送登记表、所报材料原件、辅导员分工表和上级反馈意见 |
| 宿舍管理（25分） | 10 | 辅导员日常下寝情况 | 辅导员应主动深入宿舍了解学生状况，每周至少晚查寝2次，并在学生公寓服务中心签到、上交查寝登记表（二者缺一即视为未查寝） | 晚查寝每缺1次扣1分；晚查寝签到或登记表作假扣2分/次；晚查寝每周超过2次，第3次以上（含第3次）加0.2分/次，加分不超过4分/月 | 查学生公寓服务中心签到记录和晚查寝登记表原件 |

（续表）

| 项目 | 分值 | 考核内容 | 工作要求 | 评分标准 | 考核办法 |
|------|------|----------|----------|----------|----------|
| 宿舍管理（25分） | 5 | 辅导员参加日常巡查和突击检查情况 | 辅导员应按时参加学生公寓服务中心组织的日常巡查和突击检查 | 日常巡查旷工或缺勤扣2分/次；请假扣1分/次；突击检查旷工或缺勤扣4分/次；请假扣2分/次 | 查学生公寓服务中心签到和巡查记录 |
| | 5 | 学生公寓服务中心临时工作 | 辅导员应按要求完成学生公寓服务中心安排的临时工作（主要指配合查处学生在宿舍内的违纪，针对分管辅导员考核） | 辅导员未能及时到场或推诿的，酌情扣3~5分 | 查学生公寓服务中心记录和辅导员分工表 |
| | 5 | 宿舍文化建设情况（文化建设扣分指宿舍卫生检查中的扣分） | 辅导员应指导所分管宿舍的学生搞好内务卫生，做好寝室文化建设 | 辅导员分管宿舍文化建设扣分＝（辅导员分管宿舍文化建设总扣分/分管宿舍的学生总人数）×10 | 查学生公寓服务中心检查、扣分记录 |
| 心理健康教育（20分） | 10 | 对学生心理问题与心理危机的掌握、了解与干预 | 辅导员应及时细致地了解学生的心理状态，对出现心理问题或心理危机的学生，要及时掌握情况，进行"一对一"疏导劝说工作，力争将心理问题解决在萌芽状态（针对全体辅导员考核） | 辅导员未能及时发现、上报和积极干预分管学生的心理危机事件，扣2分/人/次；曾出现心理危机且仍处于关注期的学生，辅导员未能及时跟踪处理、上报并更新，扣1分/人/学期；对心理健康教育中心反馈的情况，不及时找学生谈话疏导的，扣1分/人/次；因工作不到位引发学生心理危机的，酌情扣2~3分/人/次 | 查辅导员工作日志、所报材料和心理健康教育中心记录 |

（续表）

| 项目 | 分值 | 考核内容 | 工作要求 | 评分标准 | 考核办法 |
|------|------|----------|----------|----------|----------|
| 心理健康教育（20分） | 5 | 心理普测回访 | 辅导员应及时组织心理普测的回访工作（针对分管心理健康教育的辅导员考核） | 未及时组织对心理普测筛选出来的学生进行心理回访，或未及时通知心理普测筛选出来的学生到心理健康教育中心进行回访的，扣0.5分/人 | 查辅导员工作日志和心理健康教育中心记录 |
| | 5 | 辅导员开展学生成长辅导情况 | 辅导员应了解所分管学生的心理动态，帮助学生更好应对成长和发展过程中的挫折和困难，针对不同年级和不同专业学生特点开展相应的团体辅导、个体辅导及心理健康教育宣传活动 | 所有辅导员每学期应针对分管班级至少开展团体辅导一次，未组织的，扣2分/学期；所有辅导员每学期开展个体辅导应不少于20人次，每缺一次扣0.5分；超过20人次的，每超过一次加0.1分（加分不超过5分/学期）；分管心理健康的辅导员每学期指导学生开展心理健康教育特色活动应不少于一次，未组织的，扣2分/学期 | 查辅导员工作日志、上报材料（材料应包括活动方案、新闻稿） |

（续表）

| 项目 | 分值 | 考核内容 | 工作要求 | 评分标准 | 考核办法 |
|---|---|---|---|---|---|
| 工作效果（20分） | 10 | 突发事件处理 | 辅导员应及时掌握了解学生动态，发现问题及时处理，力求将事故抑制在萌芽状态。一旦发生突发事件，分管辅导员要在第一时间赶到现场，并进行处理或配合处理 | 学生发生突发事件，辅导员联系不上的，扣5分/次；辅导员接到通知，未在30分钟之内赶到事发现场的，扣2分/次；辅导员接到通知，推故不来的，扣5分/次；辅导员虽在现场，但不作处理的，扣2分/次；处理过程中，辅导员配合不力的，酌情扣1~3/次 | 查相关部门工作记录和现场考核 |
|  | 10 | 学生安全教育和违纪处理 | 辅导员应定期对学生开展安全教育，防范安全事故，及时查处学生违纪违法行为，严格过程管理 | 学生安全事故责任追究，按学校相关文件执行。辅导员每个月对分管班级开展安全教育应不少于一次，每缺一次扣0.5分；学生违纪，分管辅导员未及时发现处理，被学工处或其他单位发文处分或处罚的，按学生受到处分或处罚的等级，分管辅导员扣分标准如下：警告0.2分/人/次；严重警告0.5分/人/次；记过1分/人/次；留校察看1.5分/人/次；开除学籍2分/人/次；学生因触犯法律被拘留或逮捕的，扣5分/人/次；不配合学工处进行学生违纪处理的，酌情扣3~5分/次 | 查辅导员工作日志、上报材料和学生违纪处分材料或相关部门文件 |

（续表）

| 加分 | 加分项目每年 12 月下旬统计（统计的时间范围为当年 1 月 1 日至 12 月 31 日），科研加分由辅导员自行向教育管理科申报并提供佐证材料。加分只体现在年度考核中，按如下标准执行：<br>(1) 辅导员个人申报思政与学生管理类科研项目或课题，加 0.5 分/次；获得立项：国家级加 5 分，省级加 3 分，校级加 1.5 分（项目主持人与参与人分值由主持人分配，且主持人加分不低于该项目加分值的 50%）；<br>(2) 辅导员以第一作者身份发表思政与学生管理类研究论文，省级刊物加 1 分/篇，国家级刊物加 3 分/篇；<br>(3) 参加校级辅导员素质能力大赛，获一等奖加 3 分，获二等奖加 2.5 分，获三等奖加 1.5 分，第 7～10 名加 1 分，第 11～15 名加 0.5 分；参加省级辅导员素质能力大赛，获 1～3 名加 5 分，获 4～8 名加 4 分，获 9～15 名加 3 分；代表学校参加省赛但未获得前 15 名加 2 分；<br>(4) 辅导员个人获得学生管理工作相关奖励，国家级加 6 分，省级加 5 分，校级加 2 分；辅导员因学生管理工作先进事迹由学校推荐被新闻媒体报道的，国家级加 5 分，省级加 3 分，校级加 1 分；<br>(5) 同一项目，加分取最高分，不累计；逾期未申报的，视为放弃加分 |
|---|---|
| 说　明 | (1) 辅导员年度考核得分＝辅导员月度考核得分算术平均值×0.9＋学院给辅导员的考核分×0.1；<br>(2) 学院给辅导员的考核分值之和≤该学院量化考核得分×该学院辅导员人数，且学院给辅导员个人的考核分不得超过本学院量化考核得分的 105%；<br>(3) 经学校批准休假或公派出差、学习超过 30 天（含）的辅导员，休假、出差期间不纳入考核范围 |

**（高校3）辅导员考评表**

**（一）基础性业务部分**

| 学院 | | 姓名 | |
|---|---|---|---|
| 辅导员类别 | | 所带学生人数得分<br>（在岗位满一年的折算为一年） | |

**（二）基本业务工作业绩部分**

| 工作职能 | | 业绩分 | 工作内容 | 自评分 |
|---|---|---|---|---|
| 一级指标 | 二级指标 | | | |
| 思想理论教育和价值引领（16%，32分） | 学生思想动态调研 | 4 | 每学期开展学生思想动态调研，形成报告 | |
| | 常规性思想教育引导 | 6 | 依托班会、团日、年级专业大会等开展日常思想教育 | |
| | 学生个体思想教育引导 | 14 | （1）深入学生宿舍、课堂及课外活动等；<br>（2）建立与班主任、专业任课教师及家长经常性联系机制；<br>（3）熟悉学生个体情况（信息）；<br>（4）分类指导教育帮扶，针对性谈心谈话；<br>（5）建立学生成长档案 | |
| | 主题式思想政治教育 | 8 | （1）组织落实上级要求的各类专题思想政治教育；<br>（2）开展社会主义核心价值观教育；<br>（3）结合所带学生实际自主开展专题思想政治教育 | |
| 党团和班级建设（10%，20分） | 学生党建 | 6 | （1）指导班级理论学习，开展理想信念教育，动员组织学生积极向党组织靠拢；<br>（2）开展入党积极分子日常培养、学生党员发展和教育管理服务；<br>（3）发挥学生党员先锋模范作用和学生骨干主力军作用 | |
| | 学生团建 | 6 | （1）指导班级团支部建设；<br>（2）指导开展"推优入党"；<br>（3）指导学生社团建设；<br>（4）组织指导第二课堂活动 | |

（续表）

| 工作职能 | | 业绩分 | 工作内容 | 自评分 |
|---|---|---|---|---|
| 一级指标 | 二级指标 | | | |
| 党团和班级建设（10%，20分） | 班级建设 | 8 | （1）做好班干部选拔及培养工作，提升学生干部综合能力素质；<br>（2）指导开展班级文化建设，增强班级凝聚力；<br>（3）加强班级日常管理，创建优良班风学风 | |
| 学风建设（8%，16分） | 专业认知教育 | 2 | 帮助学生提高专业认知水平，稳定学生专业思想 | |
| | 学情分析 | 2 | 开展学生学情分析（含第二课堂、综合测评），形成分析报告 | |
| | 学风管理 | 4 | （1）建立日常学风检查督促机制；<br>（2）指导学生养成良好的学习习惯，规范学生学习行为管理 | |
| | 学业帮扶 | 6 | 开展学业预警帮扶工作，规范帮扶档案管理 | |
| | 考风考纪 | 2 | 按照节点要求开展考风考纪教育 | |
| 日常事务管理（26%，52分） | 开学/入学教育管理 | 6 | （1）开展开学、迎新及军训学生教育管理；<br>（2）信息及档案材料收集；<br>（3）开学典礼组织工作 | |
| | 学籍异动学生转接 | 2 | 做好学籍异动学生转接工作（档案信息、新环境融入教育引导等） | |
| | 毕业离校教育管理 | 4 | （1）毕业离校学生教育管理；<br>（2）毕业典礼组织工作；<br>（3）信息收集整理；<br>（4）档案管理 | |
| | 节假日安全管理 | 4 | （1）节假日学生去向登记及返校统计；<br>（2）异常情况处置 | |
| | 征兵 | 6 | （1）组织开展军事训练；<br>（2）动员、组织学生应征入伍 | |

（续表）

| 工作职能 | | 业绩分 | 工作内容 | 自评分 |
|---|---|---|---|---|
| 一级指标 | 二级指标 | | | |
| 日常事务管理（26%,52分） | 资助工作 | 8 | （1）建立、更新家庭经济困难学生信息库（家困生情况分析报告）；<br>（2）国家奖学金、励志奖学金、助学金评定工作；<br>（3）助学贷款工作；<br>（4）勤工助学工作；<br>（5）社会奖助学金工作；<br>（6）应征入伍补偿工作；<br>（7）毕业生求职创业补助工作 | |
| | 评先评优及违纪处理工作 | 8 | （1）综合测评工作；<br>（2）学生奖学金评定工作；<br>（3）评先评优工作；<br>（4）违规违纪处理工作 | |
| | 宿舍卫生安全管理和文化建设 | 6 | （1）宿舍卫生管理；<br>（2）宿舍安全管理（含隐患排查）；<br>（3）指导宿舍文化建设；<br>（4）寝室长培养管理 | |
| | 劳动教育 | 4 | 开展劳动教育 | |
| | 民族团结教育 | 2 | 做好少数民族学生教育管理工作，加强民族团结教育 | |
| | 信息化工作 | 2 | 遵照要求完成智慧学工系统相关工作 | |
| 心理健康教育与咨询（8%,16分） | 心理普查、筛查及疏导 | 10 | （1）协助开展心理普查、筛查工作，对学生心理问题进行初步排查和疏导；<br>（2）对心理问题学生进行教育、干预和处置；<br>（3）建立重点学生心理档案 | |
| | 心理健康知识普及宣传 | 2 | 组织开展心理健康知识普及教育宣传活动 | |
| | 班级、寝室心理健康教育干预体系 | 4 | （1）建立班级、寝室心理工作机制；<br>（2）开展学生心理骨干队伍选拔、培养和管理 | |

（续表）

| 工作职能 | | 业绩分 | 工作内容 | 自评分 |
|---|---|---|---|---|
| 一级指标 | 二级指标 | | | |
| 网络思想政治教育（4%，8分） | 网络平台及运用 | 2 | （1）建立师生、家校网络信息交流平台；<br>（2）运用网络新媒体开展思想引领、学习指导、生活辅导、心理咨询等 | |
| | 网络教育活动及文化作品 | 2 | 组织学生参与网络教育活动，指导学生创作网络文化作品 | |
| | 网络舆情处置 | 4 | 关注学生网络动态，发现并及时处置学生舆情 | |
| 校园危机事件应对（5%，10分） | 危机应对机制 | 2 | （1）组建学生应急队伍并开展经常性教育培养管理；<br>（2）收集掌握学生特情信息，研判化解矛盾风险 | |
| | 危机事件处理 | 4 | 熟悉危机事件工作预案，对校园危机事件进行初步处理并按程序上报 | |
| | 值班出勤 | 4 | 参与毕业离校、危机事件处置等特殊时点值班（非正常工作时间） | |
| 职业规划与就业指导（10%，20分） | 大学生涯设计指导 | 4 | 组织学生开展大学生涯设计，加强过程指导 | |
| | 学生个性成长引导 | 8 | 组织指导学生开展个性成长方案设计，并持续跟踪 | |
| | 职业、创业与就业实践活动 | 2 | （1）指导学生参加职业规划设计大赛等；<br>（2）指导学生创新创业实践活动 | |
| | 就业择业调研与就业指导 | 6 | （1）开展就业择业调研及摸排；<br>（2）为学生提供个性化就业指导服务；<br>（3）就业派遣与就业统计工作；<br>（4）就业困难毕业生帮扶工作 | |

（续表）

| 工作职能 | | 业绩分 | 工作内容 | 自评分 |
|---|---|---|---|---|
| 一级指标 | 二级指标 | | | |
| 理论和实践研究<br>（8%，16分） | 应知应会测试 | 4 | 参加应知应会测试，成绩合格 | |
| | 素质能力大赛 | 4 | 参加辅导员素质能力大赛 | |
| | 培训交流 | 4 | 参加各类论坛、讲坛、沙龙、素质拓展等培训交流及职业文化活动 | |
| | 工作案例 | 2 | 每年提交1篇工作案例 | |
| | 工作论文 | 2 | 1篇工作论文或调研报告 | |
| 其他<br>（5%，10分） | 校院两级交办的其他相关工作 | 10 | 谁下达谁认定 | |
| 合计得分 | | | | |

（三）发展性工作业绩部分

| 发展领域 | 发展项目 | 等级/层次/阶段 | 业绩分 | 自评分 |
|---|---|---|---|---|
| 职业技能 | 辅导员素质能力大赛 | 全国一等奖 | 300 | |
| | | 全国二等奖 | 200 | |
| | | 全国三等奖 | 150 | |
| | | 全省特等奖 | 150 | |
| | | 全省一等奖 | 100 | |
| | | 全省二等奖 | 60 | |
| | | 全省三等奖 | 30 | |
| | | 学校一等奖 | 30 | |
| | | 学校二等奖 | 25 | |
| | | 学校三等奖 | 20 | |
| | 学校辅导员工作室/发展团队建设 | — | 20 | |
| | 辅导员工作课程化实践 | — | 20 | |
| | 学校学生工作培训交流研讨（沙龙、论坛）等活动担任主讲或作典型/主题发言 | — | 20 | |

（续表）

| 发展领域 | 发展项目 | 等级/层次/阶段 | 业绩分 | 自评分 |
|---|---|---|---|---|
| 理论研究 | 高校思想政治工作精品项目/骨干队伍建设项目 | 教育部申报 | 20 | |
| | | 教育部立项 | 150 | |
| | | 省级申报 | 10 | |
| | | 省级立项 | 100 | |
| | 学生工作相关项目 | 国家级立项 | 100 | |
| | | 省级立项 | 50 | |
| | | 学校立项 | 10 | |
| | | 学校结项 | 20 | |
| | 高校辅导员工作优秀论文、案例 | 全国一等奖 | 100 | |
| | | 全国二等奖 | 80 | |
| | | 全国三等奖 | 50 | |
| | | 省级一等奖 | 50 | |
| | | 省级二等奖 | 40 | |
| | | 省级三等奖 | 30 | |
| | | 学校一等奖 | 20 | |
| | | 学校二等奖 | 15 | |
| | | 学校三等奖 | 10 | |
| | 发表学生工作相关学术论文 | 按学校有关科研工作业绩核算文件执行 | — | |
| 荣誉成绩 | 辅导员年度人物 | 全国人物奖 | 400 | |
| | | 全国提名奖 | 200 | |
| | | 全国入围奖 | 100 | |
| | | 省级人物奖 | 200 | |
| | | 省级提名奖 | 100 | |
| | 学生工作个人荣誉 | 国家级 | 100 | |
| | | 省级 | 80 | |
| | | 校级 | 20 | |
| | 所指导学生班级/团支部获得竞争性集体荣誉（细目） | 国家级 | 100 | |
| | | 省级 | 50 | |

（续表）

| 发展领域 | 发展项目 | 等级/层次/阶段 | 业绩分 | 自评分 |
|---|---|---|---|---|
| 荣誉成绩 | 所指导年级专业学生获得竞争性个人荣誉（细目） | 国家级 | 100 | |
| | | 省级 | 50 | |
| | 所指导年级专业学生事迹受到权威媒体宣传报道 | 全国性媒体 | 100 | |
| | | 省级媒体 | 50 | |
| | 分管专项工作获得荣誉 | 国家级 | 100 | |
| | | 省级 | 80 | |
| | | 校级 | 20 | |
| | 撰写网文在主流新媒体平台发布、转载 | 省级及以上 | 50 | |
| | | 校级 | 20 | |
| | 辅导员工作有特色、有亮点、有创新性实践成果 | 获得学校主要领导认可或在校级及以上媒体宣传报道 | 学工部等职能部门认定 | |
| 其他 | 承担学校思政工作相关任务 | — | 学工部等职能部门认定 | |
| | 承担辅导员职业发展协会相关工作 | — | 学工部认定 | |
| | 指导新进辅导员或下一职级/层次辅导员 | — | 学工部认定 | |
| 说明：同一项目重复获奖或立项，按最高级别确定工作业绩，不累计；项目研究立项、结项均以当年计算工作业绩，立项与结项期间不计算工作业绩；项目为多人合作完成的，工作业绩由项目负责人进行分配 | | | | |
| 合计得分 | | | | |

## （四）工作业绩值扣减部分

| 类别 | 项目 | 扣减业绩分 | 认定部门 | 自评分 |
|---|---|---|---|---|
| 责任事件（事故） | 所分管学生中发生重大事件（含负面舆情），事先可以采取措施避免但没有采取相应措施的；或者学生中突发重大事件（含负面舆情），辅导员未能及时协调、报告并造成严重后果 | 100 | 学工部等职能部门 | |
| | 所分管学生出现非正常死亡、群体性事件或宿舍消防安全事故，经查证，辅导员个人负有较大责任 | 100 | 学工部等职能部门 | |
| | 在学生评奖、评优、资助、发展党员等工作中，存在徇私舞弊、弄虚作假或违反相关原则规定的，经查证后确属辅导员个人责任 | 50 | 学工部等职能部门 | |
| | 工作遭到投诉，造成不良影响，经查证后确属辅导员个人责任 | 20～50 | 学工部等职能部门 | |
| 通报处理 | 因工作不到位受到学校批评或造成负面舆情 | 20～50 | 学工部等职能部门 | |
| | 个人受到学校党纪政纪处分 | 20～50 | 纪委/监察处 | |
| 职业素质测试 | 应知应会年度测试不合格 | 50 | 学工部等职能部门 | |
| 合计减分 | | | | |

## （高校 4）辅导员年度考核学生工作部（处）评分表

学院：　　　　　　　被考核辅导员：　　　　　　　时间：

| 项目 | 考核主要内容 | 满分 | 得分 | 考核部门或数据提供部门 |
|---|---|---|---|---|
| 辅导员述职考核 | 查看辅导员述职资料 | 10 | | 由辅导员述职考核评价小组打分 |
| 辅导员工作手册记录 | 查看辅导员工作手册的记录情况 | 10 | | |
| 寝室安全教育管理 | （1）学生宿舍值班到位情况（含值班下寝情况、填写值班记录情况）；（2）所带学生在宿舍违章情况、晚归情况和未经批准的外宿情况 | 10 | | 学生管理科 |
| 寝室文化建设 | （1）所带学生寝室五星级寝室数所占比例；（2）所带学生星级寝室检查不达标数次所占比例；（3）宿舍文化活动参与情况（含宿舍每月安全卫生检查、宿舍文化节等） | 5 | | |
| 评优评奖 | 学生综合素质测评、奖学金、助学金评定等各类评优评奖工作，程序规范，做到公开、公平、公正、及时、准确 | 5 | | |
| 学风建设 | 重视学风建设，学生课堂出勤情况，违纪率情况 | 5 | | |
| 参加业务竞赛、例会、培训及活动情况 | （1）参加各类辅导员义务竞赛情况；（2）参加学工部召集的会议到会情况；（3）参加学工部组织的辅导员培训情况；（4）参加辅导员各项活动情况 | 15 | | 学生教育科 |
| 班课与班会 | 组织开展班课、班会情况 | 10 | | |
| 特殊群体学生台账 | 特殊群体学生台账的建立情况，对心理普查中有必要约谈的学生进行跟踪和约谈，每学期不少于 2 次（见谈话记录） | 15 | | 心理健康教育与咨询中心 |
| 资助服务 | 重视经济困难学生资助工作，积极配合资助中心做好相关工作，上交材料齐全及时准确无误 | 15 | | 学生资助中心 |

| 项目 | 考核主要内容 | 满分 | 得分 | 考核部门或数据提供部门 |
|---|---|---|---|---|
| 加分项（满分5分） | 各类业务竞赛获奖情况：<br>（1）学生工作理论研究论文及科研成果：学工部组织的获一等奖每篇计1分，二等奖0.75分，三等奖0.5分；在省级刊物发表论文每篇计1分，在国家级刊物（核心期刊）发表论文2分；<br>（2）参加各级各类辅导员业务竞赛：校内一等奖1分，二等奖0.75分，三等奖0.5分；省级一等奖计2分，二等奖1.5分，三等奖1分；国家级一等奖计3分，二等奖2.5分，三等奖2分。（其中：论文要求为第一作者独著；参加的学生工作相关科研课题评分参照论文发表评分标准，要求排名前5） | | | 个人申报（满分5分） |
| 减分项（满分5分） | 所带学生违纪：<br>（1）所辖学生中，受到学校记过处分，每人次减1分；收到留校察看处分，每人次减1.5分；受到开除学籍处分，每人次减2分；<br>（2）受到学院严重警告或通报批评的，仅在学院考核中作相应核减；<br>（3）学生中有违纪行为隐瞒不报，经查实每件减3分 | | | 学生管理科 |
| 合计 | | 100 | | |

备注：本考核测评体系可由学生工作部（处）根据实际情况调整和修改。

考核单位负责人签字（盖章）： 年 月 日

## （高校5）二级学院辅导员考评量表

系党总支签章_____ 辅导员姓名_____ 得分____ 时间：____年____月____日

| 考评项目 | 具体考核内容 | | 分值 M | 等级 | | | |
|---|---|---|---|---|---|---|---|
| | 一级考核指标 | 二级考核指标 | | A | B | C | D |
| 德（15分） | 政治觉悟 | 有运用马克思主义的基本观点分析、解决学生工作中一般问题的能力；有高度的组织性、纪律性，坚定地与党中央保持一致 | 3 | | | | |
| | 理论水平 | 熟悉党的教育方针、政策和高等教育有关规定，熟悉学院党委、行政的各项工作部署和要求，熟悉学生教育、管理的一般规律和有关规定 | 4 | | | | |
| | 工作作风 | 爱岗敬业，尊重学生，关心学生，有强烈的服务意识和责任意识 | 4 | | | | |
| | 师德风范 | 遵纪守法，以身作则，团结同志，廉洁奉公，为人师表 | 4 | | | | |
| 能（15分） | 组织管理能力 | 能较好地贯彻落实学院的各项学生管理制度，加强学生行为规范管理，具有班（团）组织管理和应对学生中突发事件的能力 | 5 | | | | |
| | 语言与书面表达能力 | 具备对个别学生谈话教育及学生思想教育学习辅导（讲座）讲授能力，具有传达和解释学生教育管理工作有关文件的能力 | 5 | | | | |
| | 沟通协调能力 | 能理顺学生工作中的各种工作关系，有良好的团队合作精神 | 5 | | | | |
| 勤（30分） | 计划和总结 | 每学年、学期制订学生工作计划，学期末有工作总结 | 6 | | | | |
| | 思想教育 | 经常多形式、多途径组织所带班级的学生参加各种思想政治教育与实践活动 | 8 | | | | |
| | 指导与服务 | 经常深入班级、宿舍了解学生的思想状况和成才需求，为学生成长成才提供优质服务 | 8 | | | | |

| 考评项目 | 具体考核内容 | | 分值 | 等级 | | | |
|---|---|---|---|---|---|---|---|
| | 一级考核指标 | 二级考核指标 | M | A | B | C | D |
| 勤（30分） | 工作任务 | 按时参加学院、系（院）召开的与学生工作有关的各种会议、活动和培训，按时按质按量完成学院和系（院）部署的各项任务，及时发现和处理所负责工作范围内出现的事情，无延误现象 | 8 | | | | |
| 绩（40分） | 教育绩效 | 所带班级的学生思想觉悟高、道德品质好，学生党员、学生骨干、非党积极分子的数量和质量呈良好态势。入学教育、形势政策教育、行为规范教育、心理健康教育、毕业教育等教育效果明显 | 10 | | | | |
| | 管理绩效 | 学生日常行为文明规范，班、团工作开展正常，各项管理工作科学规范、符合要求 | 10 | | | | |
| | 学风建设 | 所带班级学习氛围浓厚，学生上课出勤率高，学生获奖率高 | 8 | | | | |
| | 考风考纪 | 所带班级的考风、考纪好，学生考试违纪、舞弊率低 | 5 | | | | |
| | 特色工作 | 根据学院和系（院）部署创造性地开展各项工作，工作有实效、有影响，受到院级以上（含院级）表彰或被主要新闻媒体推介 | 7 | | | | |
| 单位意见 | | | 总分100 | | | | |

说明：A、B、C、D 等级的分数分别为分值 M 的 100%、80%、60%、40%；各系可根据本系实际情况细化考核指标；系考评得分为考评量表中各考核指标分数之和乘以 20%。

## （高校6）学生辅导员学生评价量表

系（院）：＿＿＿＿＿＿＿＿＿＿　　　被测评人姓名：＿＿＿＿＿＿　　评分：＿＿＿＿＿

| 项目 | 测 评 内 容 | | 分值 | 等级 | | | |
|------|------|------|------|------|------|------|------|
| | 一级测评指标 | 二级测评指标 | M | A | B | C | D |
| 德<br>（15分） | 政治觉悟 | 能运用马克思主义的基本观点分析、解决学生工作中的一般问题 | 3 | | | | |
| | 理论水平 | 熟悉党的教育方针、政策和高等教育有关规定，熟悉学院党委、行政的各项工作部署和要求，熟悉学生教育、管理的一般规律和有关规定 | 4 | | | | |
| | 工作作风 | 爱岗敬业，尊重学生，关心学生，具有强烈的服务意识和责任意识。 | 4 | | | | |
| | 师德风范 | 遵纪守法，以身作则，团结同志，廉洁奉公，为人师表 | 4 | | | | |
| 能<br>（15分） | 组织管理能力 | 能较好地贯彻落实学院的各项学生管理制度，加强学生行为规范管理，具有班（团）组织管理和应对学生中突发事件的能力 | 5 | | | | |
| | 语言与书面表达能力 | 具备对个别学生谈话教育及学生思想教育学习辅导（讲座）讲授能力，具有传达和解释学生教育管理工作有关文件的能力 | 5 | | | | |
| | 沟通协调能力 | 能理顺学生工作中各种关系，争取广大师生的支持 | 5 | | | | |
| 勤<br>（30分） | 思想教育 | 经常多形式、多途径组织所带班级的学生参加各项思想政治教育与实践活动 | 10 | | | | |
| | 指导与服务 | 经常深入班级、宿舍了解学生的思想状况和成才需求，为学生成长成才提供优质服务 | 10 | | | | |
| | 工作任务 | 能组织所带班级的学生按时按质按量完成学院、系（院）布置的任务 | 10 | | | | |

（续表）

| 项目 | 测评内容 | | 分值 | 等级 | | | |
|---|---|---|---|---|---|---|---|
| | 一级测评指标 | 二级测评指标 | M | A | B | C | D |
| 绩<br>（40分） | 教育绩效 | 所带班级的学生思想觉悟高、道德品质好。学生党员、学生骨干、非党积极分子的数量和质量呈良好态势。入学教育、形势政策教育、行为规范教育、心理健康教育、毕业教育等教育效果明显 | 10 | | | | |
| | 管理绩效 | 学生日常行为文明规范，违纪率低。班、团工作开展正常，各项管理工作科学规范 | 10 | | | | |
| | 学风建设 | 所带班级学习氛围浓厚，学生上课出勤率高，学生获奖率高 | 8 | | | | |
| | 考风考纪 | 所带班级考风、考纪好，学生考试违纪、舞弊率低 | 5 | | | | |
| | 特色工作 | 根据学院和系（院）部署是否创造性地开展各项工作，工作是否有实效、有影响 | 7 | | | | |
| 综合意见 | | | 总分<br>100 | | | | |

说明：A、B、C、D等级的分数分别为分值M的100%、80%、60%、40%；请认真填写，在同意的等级内打"√"；学生评价得分为评价量表中各考核指标分数之和乘以30%。

## （高校7）专职辅导员月工作考核指标体系

| 一级指标 | 二级指标 | 评分办法 | 评分标准 | 得分 |
|---|---|---|---|---|
| 工作态度（20分） | 上班、会议出勤（10分） | 查看上班、会议缺勤、迟到或早退记录 | 凡上班、例会迟到或早退一次扣1分；缺席扣2分；旷工一天扣3分。（扣分上限10分） | |
| | 服从安排（5分） | 各辅导员根据分工所负责的工作落实情况进行打分 | 不服从工作安排每次扣2分。（扣分上限5分） | |
| | 团结同事（5分） | 各辅导员根据分工所负责的工作态度及团队配合程度进行打分 | 不配合同事分管工作每次扣2分。（扣分上限5分） | |
| 常规工作（50分） | 周讲评和主题班会（5分） | 各辅导员先自评分后由年级负责人查阅相关佐证材料核实 | 每周日晚召开班级周讲评或主题班会，缺少一次扣2分。（扣分上限5分） | |
| | 学生干部会议（5分） | 各辅导员先自评分后由年级负责人查阅相关佐证材料核实 | 每周至少召开一次学生班团干部会议，缺少一次扣2分。（扣分上限5分） | |
| | 随堂听课（4分） | 先自评分后查看听课记录核实 | 每周至少下班级听课一次，并要求有记录，缺少一次扣1分。（扣分上限4分） | |
| | 宿舍巡查（5分） | 先自评分后查看宿舍记录核实 | 每月下学生宿舍不少于8次，每次不少于半个小时，缺少一次扣2分。（扣分上限5分） | |
| | 学生、学生家长、任课教师沟通（5分） | 各辅导员先自评分后由年级负责人查阅相关佐证材料核实 | 每周与学生谈话不少于2次，每月不少于4次家长沟通，每月不少于2次与任课教师沟通，并要求有记录，缺少一次扣1分。（扣分上限5分） | |
| | 分管工作（2分） | 按照分管工作量的实际进行换算 | 按分管工作实际得分进行换算，每超1分本项扣0.2分。无分管工作的，此项不扣分。（扣分上限2分） | |

（续表）

| 一级指标 | 二级指标 | 评分办法 | 评分标准 | 得分 |
|---|---|---|---|---|
| 常规工作<br>（50分） | 辅导员工作笔记（3分） | 查看辅导员工作笔记 | 没有按时填写扣3分，填写的栏目不完整扣2分，填写不认真不规范扣1分 | |
| | 学生出勤<br>（5分） | 查看出勤记录 | 大一学生上课月均出勤率≥98%；大二学生上课月均出勤率≥95%；大三学生上课月均出勤率≥92%；大四学生上课月均出勤率≥90%，每低0.1个百分点扣0.3分。（扣分上限5分） | |
| | 学生巩固率<br>（4分） | 查看记录 | 每流失1个学生（不含休学、违纪开除）扣1分。（扣分上限4分） | |
| | 学生违纪教育与处理（5分） | 查看工作记录 | 对学生的违纪教育处理不规范每人次扣1分，未及时对违纪学生进行教育处理每人次扣2分。（扣分上限5分） | |
| | 安全稳定<br>（7分） | 查看工作记录 | 一般性安全稳定事故每起扣1分；严重安全事故每起扣2~5分；因工作不到位、不及时、处理不力等造成校园公共安全事故、人员伤亡等事故，在学校、社会上造成恶劣影响的，当月考核分数直接记60分以下（不含60分） | |
| 当月重点工作<br>（30分） | 由各学院每月30日前自行下达次月重点工作考核内容和评分细则 | 若有些工作没有涉及相关辅导员，相应项目的分数加在主题教育月按照开展情况打分，自评分后查看工作记录核实 | （1）每周工作计划落实情况（5分）；（2）开展诚信与感恩教育情况（5分）；（3）节假前后安全教育（2分）；（4）学生宿舍搬迁工作情况（8分）；（5）出国学生欢送会安排情况（5分）；（6）毕业生文明离校（5分） | |

## （高校8）住学生公寓辅导员工作考核评分表

学院：　　　　姓名：　　　　住址：　　区　　栋　　房号

| 内容 | 基　本　要　求 | 考核情况 | | |
|---|---|---|---|---|
| | | 自评得分 | 学院评分 | 公寓中心评分 |
| 工作态度与为人师表（15） | 服从组织安排，积极完成工作任务（5分） | | | |
| | 热爱并积极从事学生公寓社区日常教育管理工作，责任心强，作风正派，热爱学生，关心学生（5分） | | | |
| | 在学习、工作和生活中能为人师表、遵守学生公寓规章制度情况及住学生公寓的时间与次数情况（5分） | | | |
| 思想教育与学习引导（40） | 经常深入寝室找学生谈话，了解学生思想状况和其他方面的情况。在公寓中每学期找学生个别谈话人数至少达到100人次，并在工作日志上有谈话记录，有简要的学生思想分析（15分） | | | |
| | 积极帮助和指导社区学生干部工作，培养学生自我教育和管理能力（10分） | | | |
| | 积极指导、组织社区学生开展文艺活动、科技创新和各种社会活动，提高学生综合素质，活跃社区气氛，增强社区凝聚力（5分） | | | |
| | 积极引导、组织社区学生考研，加强学风建设，并取得良好效果（10分） | | | |
| 日常管理工作（45） | 对学生严格管理，抓好学校各项规章制度的贯彻落实。对违反校纪校规的学生及时进行批评教育，并协助有关部门进行处理（15分） | | | |
| | 经常查寝，及时掌握社区学生上课出勤情况，及时向学生所在学院通报检查情况（15分） | | | |

| 内容 | 基　本　要　求 | 考核情况 | | |
|---|---|---|---|---|
| | | 自评得分 | 学院评分 | 公寓中心评分 |
| 日常管理工作（45） | 定期主动与学生公寓管理服务中心交流所在社区的学生的思想、学习、生活情况，参加学生公寓管理服务中心召开的有关会议和组织的培训，协助学生公寓管理服务中心做好相关工作（10分） | | | |
| | 结合自己的工作实际，每学期实事求是地写出在社区工作情况的总结（5分） | | | |
| 合　　计 | | | | |
| 综合得分 | 自评得分×20％＋学院评分×30％＋学生公寓管理中心考核分×50％ | | | |

| 奖扣分 | 项目 | 奖扣分原因 | 得分 |
|---|---|---|---|
| | 奖分 | | |
| | 扣分 | | |
| 最后得分 | 综合得分（　　）±奖扣分（　　）＝（　　） | | 评价等级 |

考核时间：　　年　月　日　　　　学院学生工作负责人签字：

## （高校 9）新入职辅导员年度考核评价量化表

| 内容 | | 标准 | 分值 | 评分 |
|---|---|---|---|---|
| 德<br>（12分） | 理想信念 | 忠诚党和人民的教育事业，政治立场坚定 | 4 | |
| | 师德师风 | 为人师表，以身作则，有良好的职业道德情操；敬业爱生，关心学生成长，受到学生爱戴 | 4 | |
| | 职业道德 | 团结同事，积极协作，遵守劳动纪律，有奉献精神 | 4 | |
| 能<br>（20分） | 组织管理能力 | 具有较好的组织管理方法和较高的管理水平，并取得了较好的效果；具有处理和解决突发事件的能力 | 6 | |
| | 创新能力 | 具有创新意识，能创造性地开展工作，探索学生工作中的新思路、新方法，能积极提出合理化建议，积极开展有影响的活动 | 6 | |
| | 科研能力 | 能结合工作实际，积极开展科研活动 | 4 | |
| | 其他能力 | 具有较好的语言表达能力、文字写作能力，具有心理咨询师、就业指导师相关证书 | 4 | |
| 勤<br>（30分） | 工作计划情况 | 每学期工作有计划、有措施、有总结 | 5 | |
| | 教育活动情况 | 定期组织政治理论学习，开展入学、毕业、时事、行为规范和心理健康教育 | 5 | |
| | 关心学生情况 | 能够深入学生班级、宿舍与广大同学谈心交流和与任课老师沟通交流，了解学生思想、学习、生活状况，为学生解决心理、资助、情感、就业等方面的实际问题；及时纠正和处理学生中的不良行为和事件 | 5 | |
| | 岗位出勤情况 | 研究生兼职辅导员每日在岗，值班期间坚持到位 | 15 | |

| 内容 | | 标准 | 分值 | 评分 |
|---|---|---|---|---|
| 绩<br>（30分） | 思想教育情况 | 思想教育效果好，学生积极向上，言行举止文明，申请加入党组织的学生比例较高 | 6 | |
| | 学风建设情况 | 班级有浓厚的学习氛围，学风端正，考风严谨，学生作弊率低。在各级各类竞赛及活动中，获得较好成绩 | 8 | |
| | 日常管理情况 | 学生的日常管理措施得力，班风良好，违纪现象较少，卫生成绩良好，无安全稳定责任事故 | 6 | |
| | 学生素质拓展情况 | 积极开展丰富多彩的校园文化、科技创新和社会实践活动，创造性地为学生搭建素质拓展平台，学生整体素质较高 | 6 | |
| | 典型选树情况 | 所带班级、学生中涌现一批先进集体和先进个人 | 4 | |
| 廉<br>（8分） | 工作纪律 | 推行"阳光管理"，对于涉及学生利益的事情，公平、公正、公开 | 4 | |
| | 群众评价 | 廉洁自律，工作中无乱收费、乱开支，收受贵重礼品、礼金等情况 | 4 | |
| 总 分 | | | 100 | |

## （高校 10）指导员工作考核表

指导员： 　　　　大队： 　　　　　　所带区队： 　　　　　　总评分

| 一级指标 | 二级指标 | 考核内容 | 加扣分细则 | 自评分 | 自评项得分 | 大队核分 | 学工处核分 |
|---|---|---|---|---|---|---|---|
| 德<br>（20分） | 师德师风建设<br>（10分） | ①品行端正，作风正派（4分） | 思想政治和道德素质实行定性考核，"不合格"该项计0分 | | | | |
| | | ②关爱学生，热爱本职工作（3分） | 关爱学生，无体罚、侮辱、伤害学生自尊的言语和行为，经举报查证属实者该项计0分 | | | | |
| | | ③警容风纪（3分） | 警容风纪不正，每次扣0.5分，以学院集中检查、学工处日常抽查的记录为准 | | | | |
| | 主动提升政治素养（10分） | 指导员培训（10分） | 按照培训要求，对每月参加培训情况进行考核，无故缺席、学习不认真每次扣2分 | | | | |
| 能<br>（40分） | 意识形态及网络安全教育（5分） | ①加强教育（2分） | 加强对学生的意识形态教育，要求指导员每月至少组织开展1次意识形态与网络安全专项教育，缺1次扣2分 | | | | |
| | | ②舆情管控（2分） | 所带区队、学生出现网络舆情事件，视情形扣分，最高计0分 | | | | |
| | | ③积极运用"新媒体"（1分） | 每月需在易班APP学院端向学生推送至少1篇的新闻报道，未完成扣1分 | | | | |

（续表）

| 一级<br>指标 | 二级<br>指标 | 考核内容 | 加扣分细则 | 自评分 | 自评项得分 | 大队核分 | 学工处核分 |
|---|---|---|---|---|---|---|---|
| 能<br>（40分） | 思想政治<br>教育<br>（10分） | ①党团工作（4分） | 培养人落实培养工作到位（定期撰写材料、定期谈话、定期组织学习），台账记录完备，记录不全扣2分；"青年大学习"网上主题团课学习发动覆盖面对照上级团组织要求达标，未达标扣2分 | | | | |
| | | ②加强网络思想政治教育（4分） | 积极推动易班工作，易班"优课"完成率未达70%扣2分；未达到85%扣1分；85%以上的不扣分，以易班优课后台数据为准 | | | | |
| | | ③思政活动（2分） | 指导员每月至少组织1次思政主题活动，未组织活动的，扣2分；开展了活动但指导员未亲自参与，扣1分，以活动记录为准 | | | | |
| | 学风建设<br>（5分） | 区队组织学习活动（5分） | 每个月至少组织1次学风建设推进活动，缺1次扣5分 | | | | |
| | 学生管理<br>（15分） | ①区队干部队伍建设（4分） | 区队干部的选人用人是否合理、队伍建设是否按要求配置、每周是否召开干部例会，缺1次扣1分 | | | | |

（续表）

| 一级指标 | 二级指标 | 考核内容 | 加扣分细则 | 自评分 | 自评项得分 | 大队核分 | 学工处核分 |
|---|---|---|---|---|---|---|---|
| 能（40分） | 学生管理（15分） | ②日常管理（6分） | 区队工作"四本"记录是否完整及时，一项不合格扣1分；未及时认真填写值班记录，每次扣0.5分；因工作疏忽大意或过失导致学生明显违纪的（以工作台账为准），视情况每人次扣0.5~2分，学生干部出现违纪的，每人次扣1分；每周爱卫会公共区评比，区队环境区被通报批评的，每次扣1分，以爱卫会通知为准 | | | | |
| | | ③安全工作（3分） | 未有效处置突发事件，化解学生矛盾的，每次扣1分；在学院每月安全检查中，发现明显问题的，每次扣1分，未加强安全教育的，发生盗窃、火灾等重大安全事故的，该项计0分；未按要求落实疫情防控工作，该项计0分 | | | | |
| | | ④心理健康（2分） | 按时按要求上报心理月报表，每月至少对心理重点关注对象进行1次谈话，未按时完成扣1分；配合学校心理健康咨询中心开展活动（按考勤情况） | | | | |
| | 职业能力提升（5分） | "三本"检查（5分） | 要求指导员认真完成"三本"更新记录；检查时，记录不认真不完整，每项扣1分，并要求进行整改 | | | | |

（续表）

| 一级<br>指标 | 二级<br>指标 | 考核内容 | 加扣分细则 | 自评分 | 自评项得分 | 大队核分 | 学工处核分 |
|---|---|---|---|---|---|---|---|
| 勤<br>（15分） | — | ①参加政治学习和集体活动情况（5分） | 当月未参加学院组织的政治学习和其他集体活动，每缺1次扣1分 | | | | |
| | | ②出勤和值班（5分） | 落实日常管理要求，强调"八到位"，学工处、大队检查，一次未到位扣0.5分 | | | | |
| | | ③参加例会和其他工作会议情况（5分） | 每周缺席例会1次扣1分；缺讲评1次扣1分；未按时参加各种其他工作会议，每缺1次扣1分 | | | | |
| 绩<br>（25分） | — | ①区队当月考核成绩（20分） | 所带区队（多个区队取平均成绩）当月考核成绩×20% | | | | |
| | | ②履职情况（5分） | 未及时完成上级交办的任务，每次扣1分；未认真履行岗位职责，视情况扣分；以大队长对指导员的履职评价、学工处对大队领导的履职评价为准 | | | | |
| 合计（100分） | | | | | | | |

核分后无异议请签名确认。

指导员签名：　　　　　　　　大队盖章：　　　　　　　　学工处盖章：

# 后　记

　　《高校辅导员开展思想政治教育的质量测评研究》一书是教育部人文社会科学研究专项任务项目资助（高校辅导员研究）"新时代辅导员开展大学生课外思想政治教育质量测评体系研究"（20JDSZ3072）的研究成果，该研究丰富了思想政治教育实效性的研究内容，不仅是检验思想政治教育实效性的重要方法，也是推动高校思想政治教育工作的重要手段和有效途径。

　　高校辅导员开展思想政治教育质量测评研究是一个动态、长期性的过程，目前的研究仅仅只是一个起步阶段。随着时代和实践的变化与发展，我们的研究还需要进一步的深入，不断回应新的时代要求，反映新的实践变化。同时，也希望能以此引发更多学者对这一问题的关注和思考，不断开拓思路，坚持问题导向，结合国家治理现代化的背景与视角，把这项研究继续深入下去。

　　本著作中的 35 位专家及 500 多个老师分别对构建指标和样本数据提供了大量的帮助，在此表示真诚的感谢！同时也非常感谢湖南师范大学出版社的大力支持！本著作的出版同时得益于许多学者已经出版的专著、发表的论文以及网络上的相关文献、资料等。凡直接引用处，我都力求做到详细标注，如有疏漏之处，恳请相关作者谅解、指正。由此，对其疏漏我深表歉意！但由于本人水平有限，书中可能有许多不足甚至是错误，敬请专家、同行和读者批评指正，多提宝贵意见，本人以后一定补充与修正。

王有斌

2023 年 11 月